由漢末群雄爭霸
到魏蜀吳的三國鼎立
公元二八〇年三家終歸晉
重歸統一

鴻文館文化工作室　策劃

黃景強　監製

三國傳真

三國鼎立到再造一統

第四冊

陳萬雄
李鈞杰　劉集民

編著
編著助理

西域長史府

西域長史府

涼

州

羌

南

龜茲

蔥嶺河

于闐河

焉耆

西海郡

酒泉郡

張掖郡

西平郡

漢嘉郡

越嶲郡

雲南郡

永昌郡

建寧

鮮　卑

羌　胡

雍

魏

益

州

交

州

朱崖洲

并
州

司
州

荊

州

豫　州

冀
州

青
州

徐

州

揚
州

吳

荊

州

揚

州

夷洲

洛陽

建業

幽
州

總序

亂世華章：百年三國

〈一〉何以「三國」

距今接近 2000 年前的「三國時代」^(註一)，是最為人熟悉的一段中國歷史。其中的不少人物和事件，都耳熟能詳。在悠久的中國歷史長河中，不到百年時間的三國時代，不過一瞬間而已。三國時代，政局動蕩，社會紛亂，民不聊生，是名副其實的「亂世」。但是，這不到百年時間的「三國」，波譎雲詭的政局，驚濤駭浪的戰爭，豐富多彩的文化，輩出的英雄俊彥，驚心動魄的逞強鬥智，儀態萬千的人物行狀，是歷史上所罕見的。

一說「三國」，一般人容易混淆了「三國歷史」、《三國志》和《三國演義》三者的關係。「三國歷史」，是中國歷史上的一個時期；《三國志》，是一部史學名著；《三國演義》，是一部文學作品。

不足百年的三國歷史，竟讓大眾有莫大的興趣，喜聽樂聞，除了歷史自身的波瀾壯闊外，應歸功於陳壽的《三國志》與羅貫中的《三國演義》。《三國志》與《三國演義》二書雖然性質不同，在傳播三國歷史方面卻同樣起了很大的作用。前者是一部歷史著作，屬著名的史學經典「四史」之一。後者是一部歷史小說，屬古典文學的著作，乃中國著名「四大小說」之一。陳壽的《三國志》，部頭雖然不大，卻精簡可讀，被譽為良史。正如近代著名學者白壽彝先生評論的，陳壽對於三國歷史，有一個總攬全局的看法。軍事、政治及人世三層架構並重，氣宇宏大，引人入勝。加上為《三國志》作註釋、文字等量的「裴松之註」，在史料的增補、

（註1）　「三國時代」是指東漢末年到西晉間的一個歷史時期。由於理解上的不同，對「三國時代」年份的起始，有不同看法。

辨證、存異、評議等方面，為《三國志》作出了卓越的貢獻。同時，裴松之的註釋，為後世的研讀者，增添了對三國歷史可辯可議、可考實可附麗的空間。

至於作為歷史小說的《三國演義》，也正如清代著名史學家趙翼所指出的，它是在《三國志》和裴松之註釋的基礎上，以七分的歷史真實，以三分的虛構誇飾敷衍而成的。三國的故事，先以「說書」等形式在坊間流傳，最後演變而成羅貫中撰寫的《三國演義》，其源有自，這裏就不細說了。受流行了幾百年的《三國演義》的影響，以至社會上的大多數人，自覺與不自覺，會將三國歷史與小說演義混同起來。

歷史上，在中國、日本和韓國，同樣出現過一些飽學之士，應科舉的學子，竟以《三國演義》的故事去附會三國真實歷史的情況。能鏊然知道兩者之間的異同差別，分別看待，只能是一些歷史專家。由此可見《三國演義》與《三國志》兩者之間的密切程度，也反映了《三國演義》對社會大眾認識三國歷史，影響的深遠。鑑於情況普遍，近年中、日、韓關於三國的新著作，常常要對涉及《三國演義》容易混淆的情節，予以澄清和說明。

〈二〉 千年的「文化現象」

中國的歷史與典籍，論傳播之久遠，流通之廣泛，讀者之眾多，時代生命力的煥發不斷，三國歷史和三國故事，相信是無出其右者。

「文化現象」，是指社會上一時浮現的文娛熱點。三國歷史和《三國演義》廣泛地流行了近 1500 年，至今不衰，駸駸然一直是社會的文娛熱點，是名副其實的千年「文化現象」。中外都有流傳千年甚至是幾千年的經典，「流傳」與「流行」是不同的。

「三國」之流行：形式豐富，見於各類圖書、舞台歌劇、影視網絡、動漫遊戲等，應有盡有；內容層次很多元，遍及學術著述、文化知識、通俗讀物、童書漫畫，適合不同程度的讀者。「三國」和《三國演義》的風行，不拘限於中國人和華人的地區，也風行於歷史上曾深受中國文化影響的韓、日等國。日、韓兩國關於三國的著作和各種媒體的出品，歷久不衰，甚至不亞於中國。因而，中、日、韓關於「三國」的各類文化娛樂產品的創作，源源不絕，蔚然成為「東亞三國」豐富多彩、令人目不暇接的「文化產業」。

〈三〉「三國」的魅力

由「三國時代」、《三國志》和《三國演義》三位一體的組合，所以能打造出流行千年的「文化現象」，歷久常新，感動不同時代的人們，最大的魅力是三國是歷史的，同時也是現世的。閱讀和認識三國，固然是閱讀和認識這一段歷史；同時，從中可用作觀照當今的世態與人情。距今接近 2000 年前的「三國」，透過《三國志》和《三國演義》的演繹，讓我們不同程度地洞悉了幾許世變的軌跡，人情世故的意蘊；體會到宇宙人間，隱然有不變的道理存乎其間。這就是歷史的魅力，也是三國時代和《三國演義》最引人入勝的地方。

歷來中外之讀習三國，常視為政治、軍事權謀韜略的最佳教本。滿人入關前，已將《三國演義》翻譯成滿文，供軍中武將廣泛閱讀。創建日本德川幕府的德川家康，留贈給他兒子的書籍中，就有《三國志傳通俗演義》。同時幕府中樞紐人物，都熟讀此書。二十世紀末出現的「管理社會」，「三國」和《三國演義》應運而生，一時成了政、管的教科書。其實，「三國」之可古為今用，價值遠遠超越軍、政、管的範圍；真實的三國歷史所蘊藏可透視古今的價值，也遠過於作為歷史小說的《三國演義》。

儘管《三國志》、《三國演義》與「三國時代」性質不同，但是貫通三者的共通地方，是透視出超越時空的人情和世態的特點。認識人情和世態，是人類文化的永恆課題。「三國」是宏大而充滿魅力的人世間舞台劇，如果我們能更多從人生價值和認清世態的角度，去解讀三國，足可以豐富我們對人世的認識，提升我們的智慧，增益我們的人生閱歷，甚至啟發我們人生價值的取捨。

〈四〉何以「傳真」

「三國」是一個以戰爭為榮辱、決生死的年代。所以近 100 年的局勢的發展，如「官渡之戰」、「赤壁之戰」、「漢中之戰」等等，都與戰爭息息相關。甚至一場戰爭的結果，就足以成為扭轉局面的轉捩點。所以說主導三國百年局勢的發展，是戰爭！根據方北辰先生的研究，「整個三國時期的 90 年間，……參戰雙方出動兵力總計在五萬人左右的大型戰役，以及明顯在五萬人以上的特大型戰役，就有九十二次之多，真可謂年年有大戰，歲歲有烽煙，至於中小型

戰鬥，多得更難以計數。」（方北辰《精彩三國》）

因此，在三國時期這樣的戰爭年代，爭雄競霸，逞謀鬥勇，是時代的主調。也就造成如近代作家孫犁所說，以三國為「謀士以其為智囊，將帥視之為戰策」特點。本書的編撰，亦以戰役為演繹全書的主要脈絡。這樣的編排，並非因循，而是遵遁三國時期的歷史性質。三國時期是一個戰爭的年代，戰爭是其歷史的特徵，但戰爭卻非三國歷史的全部。三國這段歷史，在中國歷史的發展長河中，其歷史意義，遠過於此；歷史的作用，遠大於此，可惜常為人們所忽略。

首先，三國時代雖然不足百年，卻是中國歷史發展上的一大轉型期，其大轉變遍及政治經濟、文化思想、科技藝術等多方面。近年中外學者，甚至認為三國時期，是開中國日後歷史發展趨向統一新形態的源頭。此書的內容結構，以戰爭為脈絡外，我們嘗試以不同的形式，適當地展現三國時期多元的歷史意義。

其次，三國中出現的各式人物，是一本「人物誌」，呈現出千古以來的「人世間」的眾生相。上智下愚，賢與不肖，幾應有盡有。「鑑古知今」，豈限於歷史事件而已。「人世間」的百態千貌，何不然耶？！《紅樓夢》的作者曹雪芹說過，「世事洞明皆學問，人情練達即文章」，《紅樓夢》所以令人百讀不厭的魅力在此；三國之所動人，也在於此。

再是，時代的變遷，歷史的腳印，日益湮沒，留下的痕跡，日漸模糊，環境不復舊觀。我們認識歷史，主要是通過文字的記載和描述，加點想像。感覺歷史、感受歷史、體驗歷史，對深切認識和了解歷史，是很重要的。傳世和出土文物、遺址勝跡、歷史事件發生的山川環境，都是後世人，認識和了解歷史的重要途徑。雖謂「滄海桑田」，相對於其他的歷史年代，「三國時期」在這方面是幸運的，尤其遺址勝跡、山川形勝，不少仍「百戰山河在」。無疑這是得益於「三國」故事及早並普遍在社會大眾傳播的福蔭，以致後代有關「三國」的實跡實景，口耳相傳的傳說是較多的。本叢書所以稱之「傳真」者，是盡量搜集文物、遺址古跡、山川形勝的圖像，並繪製各式地圖、復原圖等，以期還原三國的歷史現場，增加實感，讓讀者更有興趣、更好認識和了解「三國歷史」。

目錄

公元 262 年三國形勢圖   **4**

總序   **6**

導言   **12**

第一章：**曹丕篡漢、五代而斬**   **16**
  專題 曹魏對孫吳攻防要塞   **28**

第二章：**劉備託孤、孔明主政**   **44**
  專題 諸葛亮在日本社會的形象   **56**

第三章：**孫權大帝、晚年昏瞶**   **58**
  專題 孫吳長江四都   **64**
  專題 孫吳江淮攻防的軍事體系   **88**

第四章：**孔明慷慨、南征北伐**   **106**
  專題 諸葛亮五出祁山   **122**

掃瞄 QRcode 觀看戰
事短片及多媒體材
料，感受真實三國！

第五章：**魏晉故事、篡弒相尋**　　160

專題 ☱ 一夫當關萬夫莫開　　176

專題 ☱ 亡蜀之路——鄧艾偷襲陰平道　　190

專題 ☱ 成都門戶——綿陽與綿竹　　210

第六章：**六路征伐、王濬降吳**　　218

後記　　228

參考書目　　230

導言

以魏、蜀、吳為國名的三國鼎立，其實只有幾十年光景。黃初元年（220 年），文帝曹丕篡位，建立魏國，意味着東漢的正式覆亡。魏建國次年的 221 年，蜀漢建國，年號章武。吳在 229 年才建國，年號為黃龍。經過東漢末年 30 多年的群雄逐鹿，終演變成「三國鼎立」的分裂局面。但是，魏、蜀、吳三國由建國到覆亡，享國時間長短不一。名副其實的魏、蜀、吳「三國鼎立」，年期並不長。

263 年，魏將鄧艾降服劉禪，蜀漢最先覆亡，蜀漢立國只得 42 年。265 年，司馬炎篡魏改國號為晉，曹魏立國也僅僅 45 年。晉太康元年（280 年），晉征降孫皓，滅掉吳國，孫吳享祚雖然最長，也只有 58 年。至此「三家歸晉」，中國重歸統一。如由 220 年曹魏的立國，到 280 年晉之滅吳這樣計算，剛好是 60 年。60 年中的最後 14 年，其實又只是晉、吳兩國的對峙。所以「三國鼎立」，是一種方便的說法。「三國鼎立」的 60 年，按中國歷史的分期，上接東漢王朝，稱之為「漢末三國」；下開南北朝，即稱之為「魏晉南北朝」。即使將「三國時期」上延到東漢的末年，也不到一百年，相對於悠久的中國歷史，時間很短。但是，這不過百年的三國歷史，卻是一個風雲激盪的大時代；在歷史長河中，起着承先啟後的作用。

「三國鼎立」的歷史特徵，是戰爭不絕。最後蜀、吳的覆滅，也是戰爭征伐的結果。如不誇張地說，「三國鼎立」的幾十年，一直是處於戰爭狀態的幾十年。

秦嶺淮河分南北
—— 三國鼎立的攻防線

| 中國陸地三階梯級示意圖 |

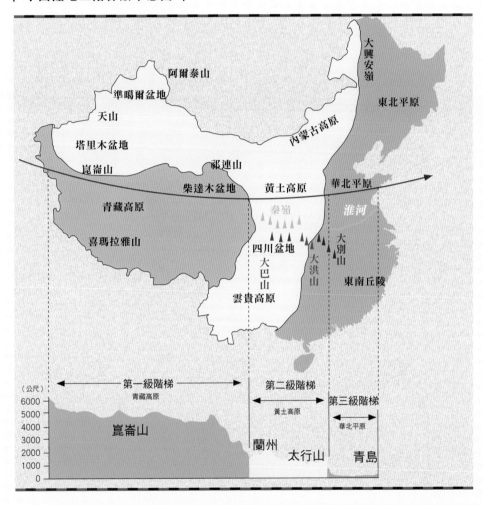

　　三國鼎立幾十年的軍事對峙，其形勢與中國自然地理關係很大。在冷兵器的時代，戰爭極受自然地理的制約。大體來說，蜀、吳在南方，面對的是北方的曹魏；同處南方的蜀、吳，兩者之間的對峙是東與西。三者之間的互相對峙，各有明顯的攻防線，而三國的重要戰事，大多發生在兩者之間的攻防線上。攻

防線的位置，與中國南北、東西的地貌，有着密切的關係。能了解中國大地的地貌，對三國的歷史種種，就容易明白得多。

中國的地貌結構分成南北，西部以秦嶺，東部以淮河作為分界線；自然生態與人文風俗，也分南北。「南船北馬」的習說，形象地刻畫出南北之間的分野。劃分中國南北的秦嶺與淮河，就成為了三國魏、蜀、吳之間對抗的主要攻防線。

相當長時間的中國歷史，不時出現南北政權和軍事對峙的局面。雖有秦嶺和淮河的天然阻隔，但南北之間，仍然存在可以穿越南北的水陸通道。這些通道，尤其在險要的地方，也成為軍事戰略的關隘所在。三國時期南北的軍事通道，主要分東、中、西三線。西線，以秦嶺為蜀、魏的攻防線；東線，則以江淮地區為魏、吳的攻防線；中線，最初是魏、蜀，後來是魏、吳之間的攻防線。

「赤壁之戰」後，三國之間戰爭不斷。三方的領土會此消彼長，而有所變化，但是基本的疆界，還是穩定的。吳、魏之間的攻防腹地，大體在長江、淮河之間。西面沿着大別山、大洪山、荊山南麓、巫山，則是吳與魏、蜀的接壤地。魏、蜀之間的攻防線是以大巴山與秦嶺為界。至於蜀、吳東西的攻防線，主要是巴山和長江三峽。巴山和長江三峽地處中國大地理的第二、三階地過渡的地方，而成為中國南部東西之間的天然分界線，也就成為蜀、吳之間的攻防線。

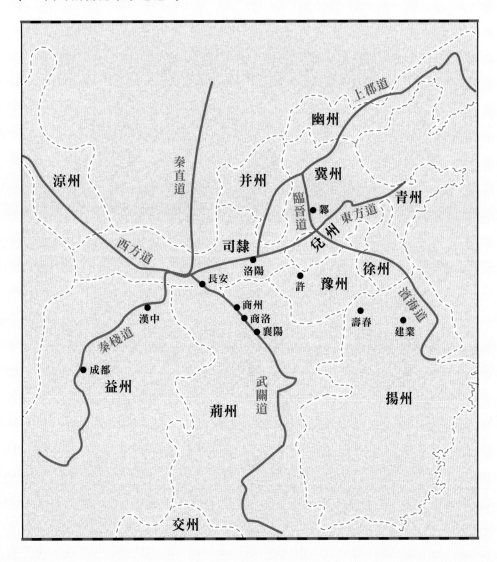

第一章

曹丕篡漢

五代而斬

3 自公元 196 年曹操「挾天子以令諸侯」，遷獻帝都於許昌，改元建安，自任司空之後，曹操實際上已掌控了東漢的朝政。208 年之任丞相，213 年之封魏公，216 年之為魏王，並以鄴城為王都，漸漸形成了魏王朝的體制，算是另立朝廷了。只十年的時間，曹操一步一步地竊取了漢獻帝和東漢朝廷的威權，漢獻帝和東漢朝廷，愈形同虛設，成為曹操的傀儡。

曹操畏名義而自抑

曹操生前不取漢而代之，不是不具備條件，也非無此意圖。曹操生前不做皇帝，用他自己的話說，「天命在吾，吾為周文王矣」（《三國志·魏書·武帝紀》）。意思是說，他雖然有足夠資格和條件去做皇帝，何必自己去做呢？不如學學周文王，讓兒子周武王去做吧！曹操自從控制了朝廷大權後，在不同時候和不同場合，多次表白過自己對於皇位的心跡，說得雖然隱晦，也反映當皇帝的心思，無不時在心中盤算着。

他自己不篡朝立國當皇帝，是經過種種的計算和考慮的。曹操一生，擅用機心，思想複雜。也隨着時間和權力而有所改變。青年時期，他挺身而出，敢為天下先，以拯民於水火、扶助漢室為職志，甚至冒險犯難。壯年之後，他權傾朝野，獨專朝綱，也曾有過「周公吐哺」，以維持漢室江山的心跡。但愈近晚年，愈見他萌發取劉漢而代之的野心。司馬光在《資治通鑑》中，就明白地指出了曹操的心意，說「以魏武之暴戾強伉，加有大功於天下，其蓄無君之心久矣，乃至沒身不敢廢漢而自立，豈其志之不欲哉？猶畏名義而自抑也。」曹操一生思想和行為，多少受東漢以來儒家注重名節的影響。一代大史學家司馬光，於漢末社會的世情和曹操的心底，巨眼如椽，而有此論。

比較劉蜀、孫吳的政權，曹操生前以至其後幾代的繼位者，皆遭遇自內部的政變和反叛。這多少與曹操「挾天子」，以至繼位的曹丕，侵凌漢室，篡奪漢祚，對逆其意志者打擊不遺餘力的舉動，大有關係。後來司馬氏之對待曹氏皇室，情況與曹魏的對待漢室，如出一轍，所以也是叛變連連。

曹操主政的期間，殘酷地殺戮東漢皇室中人和忠於皇室的大臣；也毫不留情地殺戮認為會阻礙自己奪取漢廷權力的人，甚至是輔助他的功臣、能臣和賢臣。曹操晚年為保証曹家的權位和後代的接班，費盡心機，也用盡了手段。最後在曹丕與曹植激烈的嗣位糾紛中，曹丕以矯飾而取得了嗣位。曹操手下謀臣，大都是體國恤民的人物，自從曹操取漢而代之的野心暴露後，陸續殺戮了不少功臣和賢臣。到了曹丕、曹叡，圍繞他們的重臣如吳質、賈詡、司馬懿、鍾會等等，都屬於陰謀類權臣，與前期曹操重用的謀臣有很大的分別。

曹魏、司馬氏掌權時期內臣叛變事件

年份（公元）	事件
【東漢】 196 年	八月，曹操迎獻帝遷都許，被授為司隸校尉、錄尚書事，誅殺尚書馮碩等三人，將領韓暹、楊奉轉投袁術。
199 年	曹操屯兵官渡。常從士徐他等入其帳篷圖殺曹操，為許褚殺掉。
200 年	正月，車騎將軍董承稱受獻帝衣帶中密詔殺曹操。事泄，曹操殺董承、王服及種輯，且夷三族。
214 年	十一月，伏皇后父親伏完圖謀曹操。事泄，曹操幽死皇后、殺皇二子以及其宗族兄弟百餘人。
218 年	正月，太醫令吉丕、子吉邈、少府耿紀等人密謀叛亂攻擊許縣。事敗，丞相府長史王必與潁川典農中郎嚴匡平定叛亂。曹操下令就地處死叛亂者。
【魏】 249 年	正月，司馬懿發動高平陵政變，曹爽、何晏等人被殺，夏侯霸投奔蜀。司馬氏專政。太尉王淩與外甥兗州刺史令狐愚圖廢曹芳，改立楚王曹彪。未及舉事，令狐愚病死。
251 年	王淩在淮南謀反司馬懿。司馬懿襲擒王淩，王淩自殺。王淩、令狐愚等人被誅滅三族，曹彪亦被賜死。
254 年	二月，中書令李豐、太常夏侯玄等人圖推翻司馬師。事泄，李豐等人及餘黨皆被殺。九月，司馬師廢帝，立曹髦為帝。
255 年	正月，鎮東將軍毌丘儉、揚州刺史文欽在壽春起兵討伐司馬師。司馬師派兵鎮壓，毌丘儉敗死，文欽投奔東吳。
257 年	司馬昭召諸葛誕入朝。四月，諸葛誕在壽春起兵拒命，稱臣於吳。司馬昭圍壽春。東吳派兵援救而敗。
258 年	二月，司馬昭攻陷壽春，城破，諸葛誕被殺。
260 年	五月，魏主率宮中侍宦討司馬昭。成濟弑帝，司馬昭諉罪於成濟，立曹奐為帝。
263 年	司馬昭命鄧艾、諸葛緒、鍾會等各路伐蜀。蜀後主劉禪降魏。
264 年	鍾會誣鄧艾謀反，與蜀降將姜維謀殺魏國諸將，圖據蜀自立。兩人反在軍亂中被殺。
265 年	八月，司馬昭死。子司馬炎嗣位相國、晉王。十二月，司馬炎逼魏主禪位，是為晉武帝。

曹丕與曹植
嗣位之爭

　　曹丕和曹植是同母兄弟，但曹丕並不是長子。長子曹昂在征伐南陽張繡時，為救父親曹操而遇害。相當長的時間，曹操為選立曹丕還是曹植嗣位，舉棋不定。曹植為人較率性情真，而曹丕則矯情自飾，最後曹操選立了曹丕為太子。好幾次曹操交給曹植的重要任務，曹植都違規而惹怒了曹操。聰明的曹植，竟然會在重要任命時犯上重大的錯誤，有點不可思議。或許真如曹植自己說的，不願重蹈袁紹兩子因爭嗣致覆滅的覆轍，自己不欲與曹丕競爭。

　　從蛛絲馬跡所見，前期在曹操心目中，是偏向選擇曹植的；到了後期，就選擇了曹丕。這樣的決定，相信其中曹操考量的最大變化，是在曹家要維持漢室或篡奪漢室這關鍵的念頭。曹植的傾向，是維持漢室的；曹操諸子，也只曹丕有代漢之意，這正合曹操的想法。何況曹丕又最年長，他眼見袁紹和劉表的易嫡代庶的下場，豈會無動於衷。一眾親近曹丕的大臣，也以袁紹和劉表前車可鑑作為說項。曹操死後不到一年，曹丕就篡漢建魏。做了皇帝的曹丕，對曹植極為忌恨，屢欲除之而後快。曹丕不僅忌恨曹植，對其他兄弟也不遺餘力打擊。曹魏自曹丕起，一直苛待諸弟和宗室，是促成曹魏衰亡的重要原因。[註1]

· 曹節存世印章
獻帝皇后伏氏廢黜死，在建安二十年 (215 年)
春，獻帝立曹操中女為皇后。這是皇后曹節
用章。（陳文巖醫生藏）

（註 1）　周一良〈曹丕曹植之爭〉《魏晉南北朝札記》、陳登原《國史舊聞》

禪讓的始作俑者
——曹丕

　　220 年正月，曹操病死，終年 66 歲。曹丕嗣位。不到一年，曹丕以「禪讓」的形式，迫逼漢獻帝退位，篡漢建魏，稱魏文帝，都洛陽，改元黃初。

　　曹丕之篡漢建魏，是竊取了上古「堯舜禪讓（唐虞故事）」傳說中的篡奪行動。有關上古部落聯盟，盟主的替換形式，渺無史據，舜之代堯，禹之代舜，留下「禪讓」的傳說。當中或有儒家賦予的幾分理想化成分。先秦三代之商湯與周武以征伐得國，歷史上稱為「革命」。秦之一統六國，漢高祖和光武帝先後建立了兩漢，都是經過武力征服而取得政權的。

　　曹丕的代漢，實開中國歷史竊奪政權的形式。篡奪過程中，曹丕為營造取得政權的合法性，為輿論製造正當性，也為了向後世歷史作交待，而襲取古代傳說的「禪讓」。其間的運作，過程的有步驟，輿論製造的周延，讖緯祥瑞的利用，曹丕一再辭讓的作態，可謂部署周密。為《三國志》作註的裴松之，曾親身經歷過以「禪讓」取得政權之南朝宋之代晉，對始作俑者的曹丕，魏代漢這樁歷史公案，分外有興趣。他在《三國志‧魏書‧文帝紀》中，對這段「禪讓」的歷史，盈篇累牘，洋洋灑灑，比起全書其他地方的註釋，截然不同。一方面固然反映了裴松之，認識到曹丕以「禪讓」形式的取得政權，其影響日後歷史的重要。另一方面，也反映了裴松之對曹丕和一眾擁立者，推行「禪讓」過程興趣的濃厚，着意還原曹魏禪讓的真相，也藉此彰顯南朝宋之代晉的「禪讓」形式的政權本質。

　　曹丕開中國歷史所謂「禪讓」的朝代替代形式，隨之司馬氏也以「禪讓」篡魏建晉，如出一轍。此後南北朝的宋、齊、梁、陳、北周、北齊、隋以至五代的梁，都如法炮製，幾乎成為歷史上一種政權替代的慣用形式，影響不謂不深遠。而據《魏氏春秋》記載，在舉行登位儀式中，「帝（指魏文帝曹丕）升壇禮畢，顧謂群臣曰：『舜、禹之事，吾知之矣』」，心中的有鬼，表露無遺。由曹丕要費盡心思，操作「禪讓」一幕，側面反映了劉蜀和孫吳的存在，為了曹魏政權的合法性，非做足功夫不可。尤其蜀漢高舉興復漢室作為號召，對曹魏會形成更大的挑戰。

　　曹丕當皇帝只有六年（220—226 年），死時僅 40 歲，尚在壯年。既立新國，在位期間，對外對內，曹丕很希望有一番表現。在內政上，主要有幾個方面措

施。一、改漢朝以來實行的察舉取仕的制度。採用陳群建議的九品中正制，由地方有名望的官員，根據管轄境內人物的德行和才能，分成九等去任用。這種制度，影響深遠。最初意圖，用人能循名責實，後來衍化發展，卻成了助長兩晉南北朝門第社會的形成。二、提倡尊孔崇儒，尚德治。三、限制宦人任官，婦人參政。其他是推動屯田，發展經濟，禁重稅，倡薄葬等。以上的第一、二兩項，多少背離了曹操的政治思想，是受陳群、司馬懿等親近的豪門大族出身的重臣的影響。

❀ 九品中正與門第社會 ❀

東漢以至其後的魏晉南北朝，是一個很分化及貧富懸殊的社會。其中造成的關鍵，是來自取士任宦的制度。魏文帝曹丕時，大臣陳群提出九品中正制，以德才為評定標準，定人物為九品，以品取士，再按品高低任宦。中正掌士人品定之權，並由吏部選舉一批德才兼備的人擔當中正。後來，中正一職淪為世家大族把持，高品均為世家霸佔。品的評定原則，也由個人才能，改為算計門第和官資。以致到了西晉，出現「上品無寒門，下品無士族」的現象，這個現象助長了兩晉南北朝的門第社會的形成。（參考陳仲安、王素《漢唐職官制度研究》）

· 曹丕代漢受禪台模型
（許昌博物館藏）

對外方面，曹丕繼承父親曹操征滅吳、蜀，統一中國的企圖。他曾兩次親率大軍伐吳，以長江波濤洶湧，無法突破天塹而罷。第一次是黃初五年（224年）八月，曹丕率舟軍沿蔡、穎二河進入淮河而到壽春，九月到了廣陵（今揚州）。怵於孫吳虛張聲勢、建假城樓數百里及浮戰艦於江上的聲勢，又遭遇上風暴，只好撤軍。第二次是225年八月，曹丕率舟師，由譙縣沿渦水入淮河，十月抵廣陵。見吳已設重兵，天氣趨寒，江水冰凍，不能入江，感嘆一句「嗟乎，固天所以限南北也」，只好又回師。兩次親征，都無功而退。有論史者以曹丕的南征，主要目的不在征吳而在防範青徐臧霸的反叛。

另外，於境北的鮮卑和烏桓，以及西域各國，曹丕分別設立了護烏桓校尉和戊己校尉，採用招撫和懷柔政策，重開關係，穩定邊域。曹丕也算才兼文武，在歷史上，是一位出色的文學家，他也以此自詡。但曹丕為人氣量不足，魄力不大，品格不高，不具一代開國君主的才略和魄力。尤其私心自用，對兄弟刻薄寡恩，防範打擊，削弱了曹宗室的勢力，而種下了司馬氏篡奪之遠因。

◉ 護烏桓校尉 ◉

針對少數民族烏桓在東漢內遷中原的趨勢，為加強管理，兩漢設置了護烏桓校尉，負責監領內附烏桓。包括安排各首領朝貢天子，安置質子，佈置互市等事情。東漢時，為加強此職的軍事職能，又掌握了一定數量的軍隊。隨着烏桓族與漢族雜居，管理烏桓軍政趨地方化，護烏桓校尉由中央職官演變成為幽州地方軍政長官的固定兼職。曹魏亦沿襲兩漢制度，為應付外族日益嚴重的對邊塞的侵擾，曹丕任幽州刺史王雄並領護烏桓校尉，從此幽州刺史領護烏桓校尉遂成定制。

◉ 戊己校尉 ◉

為控制和管理西域諸屬國，漢帝國採取屯墾戍邊配合政治的控制，設置了戊己校尉，職掌屯田事宜。屯田是一種國家經營的軍事性生產活動。戍田卒在邊塞上的勞動，是履行國家義務的徭戍勞動；屯田生產的農作物須上繳國家，國家亦負責戍田卒的生活及生產工具。三國曹魏沿襲漢制設立此官職，駐守高昌，張恭為首任戊己校尉。《晉書·地理志》上記載：「魏時復分以為涼州，刺史領戊己校尉，護西域，如漢故事，至晉不改。」足以反映統領西域事務最高行政長官不是西域都護與西域長史，而是由涼州刺史領戊己校尉。

· 魏文帝曹丕
（美國波士頓博物館藏）

曹丕品性
毀譽參半

曹丕（187—226 年）在歷史上，屬一個毀譽參半的人物。他迫逼曹植要七步成詩，讓世人留下了兄弟相殘、刻薄寡恩的形象。他假借「禪讓」的形式篡漢建魏，也留下篡奪之名。曹丕是建安文學的領軍人物，尤其他的《典論・論文》，被認為是中國文學理論的劃時代之作。曹丕「八歲能屬文，有逸才，遂博貫古今經傳諸子百家之書。善騎射，好擊劍。」「好文學，以著述為務」（《三國志・魏書二・文帝紀》）由他留下的文字所見，少見經傳諸子方面的著作和論述，專擅的是文學。曹丕為人品格不高，甚至是私德不修。郝經撰《續漢書》就謂丕為人「輕薄佻靡，未除貴驕公子之習，不矜細行，隳敗禮律，刻薄骨肉，自戕本根」。這種評論是有所根據的。

首先是貪婪。「（曹）洪家富而性吝嗇，文帝少時假求不稱，常恨之，遂以舍客犯法，下獄當死。群臣並救莫能得。」幸卞太后救援，才得免官削爵土。《魏略》載，曹操征漢中，曹丕在孟津，「聞（鍾）繇有玉玦，欲得之而難。（公）密使臨淄侯（曹植）轉因人説之，繇即送之。」丕以書信報鍾繇，説「得觀希世之寶，不煩一介之使，不損連城之價……而無藺生詭奪之誑。」曹丕從鍾繇手上取得的希世之寶，行為不啻為強奪豪取，竟厚顏以美詞掩飾。

其次是輕薄佻靡。「知忠（王忠，任魏中郎將）嘗噉人（做賊時），因從駕出行，令俳取冢間髑髏繫着忠馬鞍，以為歡笑。」又「既而文帝得立，抱毗（辛毗）頸而喜曰『辛君知我喜不？』」辛毗歸家以此告訴女兒憲英，憲英歎曰「代君……宜戚而喜，何以能久？魏其不昌乎！」（《三國志・魏書廿五・辛毗傳》之裴松之註引《世説新語》）。《魏氏春秋》記載曹丕在舉行「禪讓」的儀式時，「帝（指曹丕）升壇禮畢，顧謂群臣曰：『舜、禹之事，吾知之矣。』」一副自鳴得意的神態。

曹丕亦好色耽樂。建安文士文賦，多記曹丕喜歡「朝遊夕宴，究歡愉之極。」（謝靈運《擬魏太子鄴中集詩序》）204 年曹操攻屠鄴城，袁氏婦子多見侵略，而曹丕聞袁熙妻甄氏貌美，急不及待納之為妾。以致孔融與曹操書，書中説「武王伐紂，以妲己賜周公」以嘲弄曹氏父子。因歷史實無此事，孔融答曹操的疑問，就直接告訴曹操，只是「以今度之，想當然耳」（《三國志・魏書十二・崔琰傳》裴松之註引《魏氏春秋》）。孔融性狷介直率，晚年對曹操多所嘲諷，是不值他弄權篡漢的野心。

胸襟狹猛，有仇必報。如黃初元年長水校尉戴陵諫不宜數行弋獵，逆曹丕喜歡尋樂的德性，獲罪幾死。他殺絕王粲子女，羞辱由吳歸魏的于禁等行為，又訓斥曾殺其兄曹昂的張繡，又殘殺失寵的甄后，不一而足，虛飾寡情。《三國志‧魏書‧文帝記》載「延康元年（220 年）七月，軍次於譙。大饗六軍及譙父老百姓於邑東」，引裴松之註引《魏書》曰：「設伎樂百戲。」三曹研究的著名學者黃節說，「是時武帝崩才數月，而文帝縱樂如是，乃知此詩詞雖哀切，而全屬偽飾也。」（黃節《魏武帝魏文帝詩註》）曹丕這種偽飾的行為，史多有記載。

　　曹丕死，子叡繼位，是為明帝。曹丕臨死，遺命中軍大將軍曹真、鎮軍大將軍陳群、征東大將軍曹休和撫軍大將軍司馬懿「受詔輔政」。曹叡即位時 23

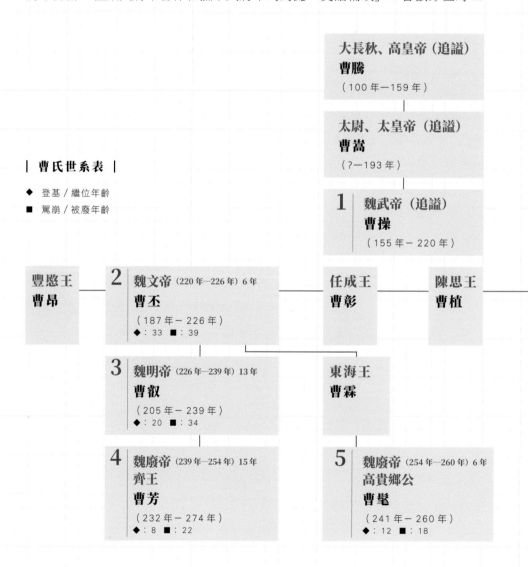

| 曹氏世系表 |

◆　登基／繼位年齡
■　駕崩／被廢年齡

大長秋、高皇帝（追謚）
曹騰
（100 年－159 年）

太尉、太皇帝（追謚）
曹嵩
（？－193 年）

1　魏武帝（追謚）
曹操
（155 年－220 年）

豐愍王
曹昂

2　魏文帝（220 年－226 年）6 年
曹丕
（187 年－226 年）
◆：33　■：39

任成王
曹彰

陳思王
曹植

3　魏明帝（226 年－239 年）13 年
曹叡
（205 年－239 年）
◆：20　■：34

東海王
曹霖

4　魏廢帝（239 年－254 年）15 年
齊王
曹芳
（232 年－274 年）
◆：8　■：22

5　魏廢帝（254 年－260 年）6 年
高貴鄉公
曹髦
（241 年－260 年）
◆：12　■：18

歲，有相當的能力，身邊還有可信的曹氏宗室功臣曹真、曹休等人的輔助，曹操在世時一批有軍事政治經驗的能臣尚在。所以在位十三年（226—239年），對外仍能壓制蜀、吳，對內能推行一些穩定統治的政策和措施。但曹叡卻耽於內寵，皇后以下妃嬪分十二級，爵比大臣，各式宮女達數千人，又設女尚書協辦奏章。叡又性奢華，大興土木，不停營造宮殿，以至徵調大量民力，百姓失去農時。當曹叡繼位時，曹魏兩代的老對手、對曹魏人事深有了解的孫權，曾向諸葛瑾面議曹家三代，説「（曹操）至於將御，自古少有。（曹丕）比之於操，萬不及也。今（曹）叡之不如丕，猶丕不如操也。」再具體分析了曹氏三代君主與輔臣的關係的不同。最後總結説，「自古至今，安有四五人把持刑柄，而不離刺轉相蹄齧者也。」（《三國志·吳書七·諸葛瑾傳》）孫權所論雖然不完全在明帝時兌現，但在繼其位的養子齊王芳時卻完全兌現，終至曹魏移祚於司馬晉。

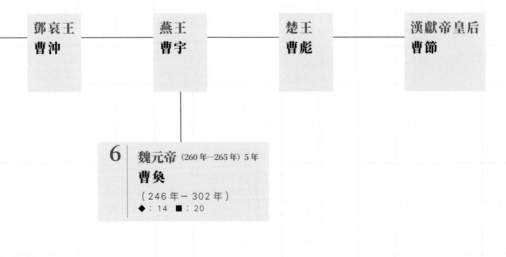

鄧哀王 **曹沖** ── 燕王 **曹宇** ── 楚王 **曹彪** ── 漢獻帝皇后 **曹節**

6 | 魏元帝（260年—265年）5年
曹奐
（246年－302年）
◆：14　■：20

曹魏對孫吳攻防要塞

曹魏管轄的勢力在北方，核心地區在黃河兩岸，重要的都城是洛陽、鄴城、許昌和譙。明帝曹叡就說：「先帝（指曹操）東置合肥，南守襄陽，西固祁山，賊來輒破於三城之下者，地有所必爭也。」指出了曹魏東、中、西三線所佈置對吳、蜀的軍事攻防的三大重鎮。其後承繼曹魏的司馬晉，亦維持如此的軍事佈局。

魏吳東線的攻防線是在淮河（淮水），這與中線的南陽、襄樊互為犄角，聯成一線。雙方交戰界乎長江和淮河之間。對吳國來說，江漢區域（襄陽、江陵、夏口）是西線防禦，濡須、壽春防線是中線，中瀆水是東線。對魏國而言，江淮之間是東線，江漢之間是中線。這地區形勢複雜，有水系縱橫，亦有若干南北通道，更有群山阻隔。

受這樣的山川沼澤的限制，吳、魏雙方大規模的軍事行動，很少單純靠陸路，必須同時利用水道。善於水戰的孫吳，「上岸擊賊，洗足入船」（《三國志・吳書九・呂蒙傳》裴松之註引《吳錄》）。只善陸路騎射的曹魏，幾十年來也要苦心經營水軍的理由亦在此。

雙方南攻北伐的水道，集中在三條南北走向的河流之上。最東邊的是中瀆水，從廣陵東的長江北岸開始，向北過精湖、射陽湖，至末口進入淮河。中路由濡須口逆流北上，過東關進入巢湖，再入巢湖北岸的施水，過合肥進運河，沿肥水過芍陂（今安徽壽顯南）在壽春（今安徽壽縣）入淮。西邊線路在夏口沿漢江逆行，過郡縣（今湖北宜城東南）、宜城（今湖北宜城市）到達襄陽（今湖北襄陽）。再從襄陽向北到宛城（今河南南陽市），經方城（今河北固安西）進入豫東平原。

曹魏自「赤壁之戰」後，佈置了中線在襄樊，東線則在江淮間的壽春、合肥、居巢（今安徽巢湖市）等作為軍事重鎮，形成了立體的前沿攻防線。

| 曹魏對孫吳攻防要塞 |

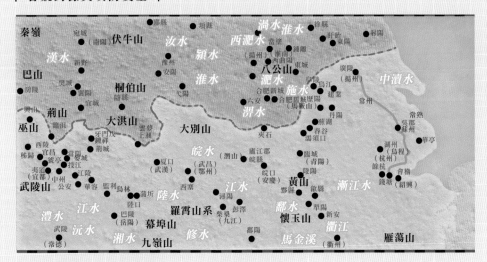

- - - - 吳魏大致分界線參考　———— 江南運河、邗溝

壽春
——曹孫必爭城池

漢末三國時期，壽春（今安徽壽縣）作為揚州的郡治，具有重要的戰略位置，尤其在魏、吳對峙的時期。壽春又稱壽陽、壽州，歷史上，屢為州、郡、府及道的治所。東漢末年是袁術的大本營，並在此地僭越稱帝。袁術敗亡，曹操便控制了壽春。由於袁術對揚州剝削摧殘，壽春已是十室九空，幾成死城，戰略地位變得不重要。曹操勢力擴展到揚州地區，壽春的地位便為合肥所取代。

· 壽春北門鳥瞰

· 壽春古城北門

曹操病逝，曹丕即位之後，對孫吳發動了三次大規模的進攻，都以失敗告終。曹魏也逐漸對東邊的攻防線，作了戰略調整。最大的調整是，由於合肥連年遭受戰爭的摧殘，軍防與生產顯得疲弊，軍事價值減弱，曹魏便遷揚州治所北返壽春。並動遷江淮地區的百姓北上，實行屯田安民，壽春的軍事重要性和經濟實力再得到提升，所以在曹魏及其後司馬晉時期，壽春取代了合肥，成為前沿最重要的軍事重鎮。魏晉後期，對孫吳的對抗，由原來積極征伐，到積極防守的策略的轉變也有關係。後來魏晉的淮南三叛，叛軍都是集結於壽春以起事。同樣，其後孫吳的北征，主要目標也棄合肥趨壽春。所以壽春在三國的後期，成為雙方的必爭的城池。

　　壽州城北面的淮河、八公山、肥水是壽州的三道天然防線。現在所見的城防，是南宋時遺留的，充分體現了「守江必先守淮」的戰略。現在壽春城的防衛系統，保持完整，是我們體現古代重要戰略城池的範本。壽春城周長七公里，高約八米餘。城外東南為濠，寬約 60 米，北環肥水，西接壽西湖。城有四門，東為賓陽，南為通淝，西稱定湖，北名靖淮。四門都有護門城。

・潁水由西向東匯入淮水

潁水

・淠水由南向北匯入淮水

淠水

淮水

· 正陽關淮河河道

　　明代為加固牆基，於城牆外側以條石疊砌一周，保護城牆不被洪水浸蝕，而且四門中的西門外門朝北，北門的外門朝西，東門內外兩門錯置。在設計上有「歪門斜道」的說法。這種特殊的城牆設計，不僅有利於軍事的防衞，也具防洪水的功能。城牆上的黑色牌子，是標示 1991 年淮河發生百年一遇的特大洪水所及的水位，城牆起了擋住洪水保護城市的作用。

· 洪水水位

· 壽春北城門門洞

合肥
——曹魏轉戰防禦的樞紐

合肥位於分屬長江水系與淮河水系的南肥河（施水）和肥河匯流於城外的逍遙津。合肥距南京 150 公里，中間隔着巢湖。巢湖可由濡須口相連長江；巢湖北通施水和肥水而與淮河相連。壽春，位於淮水和肥水的分叉點，芍陂則在壽春之南。所以由淮水往西北，溯潁水而上，可抵許都，溯渦水而上，可到譙縣；所以許都、譙縣、壽春、芍坡、合肥、新合肥、巢湖及長江可以水道貫通。這條水道沿線，就成為了曹魏軍事部署的縱深攻防線。合肥自然也成為孫吳北向攻擊曹魏前沿的主要城池，曹魏構建面對孫吳東邊的「南部攻防線」，原先是以壽春為中心的，但由於壽春殘破，遂以合肥為中心。

建安五年（199 年），曹操任命劉馥為揚州刺史，但揚州治所的廬江已為孫策所佔，劉馥只好在合肥重新建立治所。劉馥興辦屯田，招攬流民，造水利，灌溉農田。令合肥的富庶和人口一躍而超越了揚州和徐州的其他城市。合肥地理本就是南北交通的要道，自此一舉而取代了壽春和南陽的戰略地位，開始成為魏、吳雙方激烈爭奪的戰略城市。

建安十三年（208 年）冬赤壁戰後不久，孫權親自率軍包圍合肥，張昭出擊合肥西北的當塗（今安徽當塗縣），以配合周瑜在江陵對戰曹仁。採取的就是中、東兩線作戰的戰略。曹、劉、孫三強鼎立的初期，由於劉備據有荊州，曹操和孫權雙方的爭持，主要在淮南地區。曹操更派張遼、樂進、李典三員大將和七千精銳主力，加上原有的駐軍，作曹軍鎮守淮揚地區的主力。另一方面，曹操又派于禁、臧霸等人掃蕩淮南，重新將淮南地區納入管轄，確保了合肥防務的安全。從此，合肥成為了曹魏東部戰線的核心樞紐。曹魏要誓死守衞，孫吳則不惜一切代價去奪取。在此後江淮地區的攻防戰中，孫吳主動進攻的有 34 次，其中半數目標就在合肥。可是，直到東吳滅亡，孫吳沒有一次能攻進合肥城，合肥成為曹魏當之無愧的門戶。

為了緩解邊軍的壓力，建安十八年（213 年），曹操將徐州、揚州邊境的居民十多萬內遷。長江到合肥以南地區，只留下一座皖城作為呼應。孫吳方面也採取相應的措施，將邊沿居民南遷。於是江淮之間的地區，便形成一數百里長寬的無人地帶，成為雙方數十年的攻防戰場。到建安十九年（214 年），孫權拿下皖城後，合肥對曹魏來說，就完全成了一座孤城。

　　到建安二十一年（216 年），曹、吳雙方在江淮地區，前後交戰了十多回。曹操也不斷加強合肥的兵力。但是合肥經過了三國前期的激烈爭奪和數十次大大小小的戰役，變得破敗不堪。到了三國後期，合肥漸不堪負擔，曹魏再轉移江淮前沿的邊防重鎮，重新北返壽縣。建安二十二年（217 年）正月，曹操當魏王的次年，是曹操對孫權的最後一次對決。曹操是從巢湖東的居巢，進軍入長江的濡須口，可惜仍然無功折回，只留下曹仁和張遼駐軍居巢。所以曹、孫在十年間四次的交鋒，雙方不分勝負。充分說明在江淮區，各自擁有的「南船北馬」的軍事優勢，發揮了相當作用，而造成旗鼓相當的局面。

· 合肥新城復原模型

合肥新城建於 230 年，是一座軍用城池。是魏明帝曹叡聽取了征東將軍滿寵的建議而興建。魏青龍元年（233 年），合肥新城基本建好。合肥新城建成後，成為了魏吳之間戰事的新焦點，前後發生大小戰役 12 次，滿寵也成功地抵抗來自孫吳的多次大規模進攻。合肥新城通常屯兵人數為 3000 至 4000 人，最多時有步兵、水兵、騎兵計 6000 人。孫吳曾於吳嘉禾二年（233 年）、吳嘉禾三年（234 年）、吳建興二年（253 年）接連三次投入 10 萬人以上兵力圍攻合肥新城，均未取得成功。尤其是青龍二年（234 年），孫權親率大軍 10 萬圍攻合肥新城，魏文帝曹叡不敢怠慢，親率水軍增援。滿寵和守城將領張穎力拒，並燒毀吳軍的攻城器械。孫權損兵折將，然後退兵。

合肥新城的建立，標誌着曹魏戰略思想和軍事部署，由戰略攻勢轉變為戰略防禦，看似消極，但在防禦中打擊孫吳的進攻，反消耗了孫吳的軍事力量。（參考金文京《三國志的世界：東漢與三國時代》）

護城壕

·合肥新城遺址全貌鳥瞰

合肥新城，遺址位於安徽省合肥市西 15 公里的雞鳴山麓，在肥河故道的北岸。在巢湖的北岸，可以利用濡須水，連接長江。新城遺址周圍三里餘，南北長 330 米，東西寬 210 米。城垣框架基本保存完好，原有東中門、東側門、西城門三座城門遺址清楚顯示有古城河遺址。

肥水故道

東側門遺址

城牆殘存

兵器作坊

軍營遺址

校場遺址

東門遺址

北門吊橋

北門遺址

西門遺址

北門吊橋

城牆殘存

北門遺址

兵器作坊

· 合肥新城城北牆及護城河

護城河殘存

· 兵營遺址

· 合肥新城出土撞車頭

新城東北角的兵器鑄造作坊，出土鐵鏃等百餘件。隨着合肥新城遺址不同功能城區陸續被發掘，也出土了如兵器、生產工具、建築構件等文物，反映了三國時期在軍事、經濟和文化的狀況。

· 新城東北角
的兵器鑄造
作坊

· 新城出土的
砥石

巢湖
—— 天然軍事屏障

巢湖亦稱南巢湖、居巢湖、焦湖，位於長江的中下游，是中國五大淡水湖之一。湖東西長 55 公里、南北寬 21 公里，湖岸線周長 176 公里。沿湖共有河流 35 條，從南、西、北三面匯入湖內，然後湖水經裕溪河向東南注入長江。

巢湖在南，可遮截長江，在北可控「淮右襟喉」的合肥，在左與大別山形成犄角，在右可威脅南京，所以巢湖是長江北岸必爭之地。北方由江淮之間南下的軍隊，要渡江，要道有二：一是江蘇的浦口，另一就是巢湖。巢湖水系延伸整個皖中（今安徽中部），形成皖中水網。上接淮河，下達長江。佔據巢湖，對長江中、下游會構成巨大的威脅，形勢是「窺天塹，南都（南京）危矣！」由巢湖南下長江，可跨江南進，也可順流而下，或溯江西征。

巢湖也是合肥的天然屏障，史稱合肥「淮右襟喉」，軍事地位異常重要。合肥城之南為湖，控制着水上與南方的通道。巢湖不啻是曹魏固守合肥的險要。曹魏軍南下征伐，固然通過巢湖。由江南北伐，北上淮河地域，也要先經過巢湖。孫吳六圍合肥不成，與巢湖的險阻有關。巢湖的長江入口──裕溪口，「正扼其（指長江）衝，東西兩關又從而輔翼之」，「雖有十萬之師，未能寇大江」（見康熙《合肥縣誌》卷十六〈雜志〉）。曹魏雄勁之旅，馳騁北方而無敵，因阻於巢湖而終不能跨江。就長江而言，巢湖是接近的前線陣地。水域寬闊，湖中有島，是水軍聚集訓練的優良場所。流域兩岸是天然的糧倉，為建立軍事基地，提供了良好的條件。

· 巢湖晨曦雪景
曹丕的幾次南征，時間都在初冬，河水已漸乾涸成泥污，不利行軍。

· 巢湖西北岸的合肥冬雪

第二章 ————————

劉備託孤

孔明主政

ㄢ 220 年十月，曹丕篡漢建魏稱帝。諸葛
亮等大臣上書劉備，勸劉備承繼劉漢正統
稱帝。劉備在半年後的 221 年四月稱帝，
國號為漢，史稱蜀漢。群雄相爭的時候，
諸葛亮屢稱劉備為「皇叔」，顯然是出於
一種政治的號召，而用以抗衡曹操的「挾
天子以令諸侯」。曹魏移漢祚，諸葛亮等
文武重臣，立刻勸劉備稱帝建蜀漢，以維
繫劉漢皇統，也是為爭天下的政治號召。

夷陵之戰
以弱勝強

即位只三個月後的七月，劉備不聽趙雲等人之勸阻，覷曹丕剛稱帝，無暇他顧；也斷然拒絕孫權之求和，親率大軍伐吳，以報殺關雲長奪荊州之仇。蜀軍起兵前，原定由閬中出兵到江州會師的張飛，不幸被部下刺殺，劉備仍然大舉出兵。蜀軍最初的進軍氣勢甚猛，222 年二月已進至猇亭（今湖北宜昌市），並在猇亭建立大本營，而陳式的前鋒部隊已抵達夷道（今湖北宜都市）包圍孫吳孫桓的守軍。在這場戰役中，孫吳主帥陸遜，先採取「堅忍固守」的戰略，然後待機突擊，以「火燒連營」的戰術，大敗劉備。

這場戰役不僅是決定蜀、吳命運的一場戰爭，也是中國戰史上以逆勝順、以弱勝強，稱為「夷陵之戰」（又稱「猇亭之戰」）的著名戰役。獲勝後的孫權和陸遜，一方面考慮到不可能直搗黃龍而進軍巴蜀，也考慮到來自北方曹魏可能的軍事偷襲，派使向蜀漢求和。吃了敗仗的劉備也只好順水推舟，派使向孫權議和。

臨危託孤於
諸葛亮

夷陵之戰對蜀漢來說損兵折將，國力元氣大傷，對劉備的打擊也是致命的。戰敗後的劉備留在永安（今四川奉節東北）養病，223 年四月死於永安，終年63 歲。臨危託孤於諸葛亮，後來諸葛亮「鞠躬盡瘁，死而後已」以報知遇之恩，而傳頌千古。後世雖然不斷有人從不同的觀點和角度，去質疑劉備託孤的真心，細加辨釋，令人感覺多是忖測之辭。誠如《三國志》作者陳壽說的，「舉國託孤於諸葛亮，而心神無二，誠君臣之至公，古今之盛軌也」。宋代名史學家胡三省也認為，「自古託孤之主，無如昭烈之明白洞達者」。細心披閱史著，掃撟劉備與諸葛亮兩人一生的行事和思想，用不着太深文周納，不根據事實只憑推測，無異厚誣古人。劉備之所以視諸葛亮與他「如魚得水」，一生重用和信用，不僅因為諸葛亮有過人的才智謀略，人格高尚，而且「攘除奸凶，興復漢室」的信念和意志，兩人是一致的。而諸葛亮以劉備 「臨崩寄臣以大事」，所

以會「鞠躬盡瘁，死而後已」。悠悠千載，世間豈無披肝瀝膽者。

諸葛亮奉劉備梓宮（皇帝或重臣之棺）回成都，合劉禪生母甘夫人葬於惠陵。奉劉禪登位，改元建興。劉禪封丞相諸葛亮為武鄉侯，開府治事，兼領益州牧，對諸葛亮「事之如父」。開展了蜀漢諸葛亮輔佐幼主，全面主政的階段。

諸葛亮
臨大難而不懼

蜀漢人陳壽，親身經歷過蜀國的滅亡，對諸葛亮生前的事跡，搜集不遺餘力，而且最早為諸葛亮編輯《諸葛亮集》。在《三國志・諸葛亮傳》，用了132個字，條分縷析，簡練論述了諸葛亮為相治蜀的政績。最後作說：「可謂識治之良才，管（春秋齊相管仲）、蕭（西漢第一位丞相蕭何）之亞匹矣。」作為一位政治人物，這樣的評論，放諸歷史，不可謂不高。其後評論者，也多以管、蕭去比喻諸葛亮。至於對諸葛亮一生盡瘁所在的軍事方面，陳壽只用「然連年動眾，未能成功，蓋應變將略，非其所長歟」輕輕帶過。這樣的斷語，卻引起了千多年來以至今日，學者各有不同的詮釋和評議。[註1]

諸葛亮在劉備生前，無論管治和軍事的表現，雖不是《三國演義》中描寫的那樣神奇，成就卻彰彰人目。真正地發揮他的政治信念和智略的，是他主政蜀漢的時期。劉備和諸葛亮「如魚得水」的相待，不能說一無芥蒂，諸葛亮未能勸阻劉備的征討東吳就是明顯的例子。兩人相交相處，要無一芥蒂，太要求完美，不合乎人性。劉備生前對諸葛亮有足夠的信任和重用，但是，對諸葛亮思想的高遠，智略的超邁，不是完全了解的。甚至說，劉備在思想和謀略，與諸葛亮是有一段距離的。諸葛亮主政輔助的又是庸懦的劉禪。諸葛亮雖費盡心力，枉顧曲承，維護有加，獎掖扶持，但劉禪最終，還是如俗語所說，「爛泥扶不上壁」。如此處境的諸葛亮，雖然一生「鞠躬盡瘁」，然而「出師未捷身

（註1）　最具代表的是明末大思想家王夫之認為，白帝城劉備對諸葛亮的遺命是亂命，是劉備對諸葛亮的警誡，並認為劉、諸葛之間關係緊張。近代章太炎亦附和王夫之的說法。兩大學者的學問，最大的特點是擅於歷史哲學，未免失之史料掌握不深透。近人亦有演繹此種觀點，更是流於「以意逆志」了。

先死」，大業終未成。日本學者喜歡以「悲劇英雄」以喻之^{（註2）}。諸葛亮這樣近於「完人」的政治人物，在歷史上實屬罕見，足夠後人尊敬和崇仰。至於炫異說以為新奇，厚誣古人以為自得的論調，就不值一哂了。這樣故唱異調去褒貶歷史人物的情況，也不限於諸葛亮；「古已有之，於今為烈」而已。

劉備戰敗，帶着愧咎和失望，養痾白帝城。諸葛亮在白帝城逗留愈三個月，斷非只在陪伴劉備養病而已。這三個月，看來劉備病情不輕，諸葛亮不敢離開。更重要的，在此處境，兩人更須詳細討論和制定後劉備時代策略和各種安排。細繹諸葛亮的《前出師表》和其他留下的文獻，從中窺測到兩人在白帝城商定國家大事的一些消息。在《前出師表》，諸葛亮説，「先帝知臣謹慎，故臨崩寄臣以大事也」。所説「大事」，最大的無過於「攘除奸凶，興復漢室，還於舊都」「……受命以來，夙夜憂歎，恐託付不效，以傷先帝之明。」在《後出師表》（有指此表屬偽文），諸葛亮一再申述要北伐的理由，最根本是「先帝深慮漢、賊不兩立，王業不偏安，故託臣以討賊也」「臣鞠躬盡瘁，死而後已，至於成敗利鈍，非臣之明所能逆睹也。」

諸葛亮治蜀 管蕭之亞匹

即使屬偽託，《後出師表》中，簡明準確的勾勒出，蜀漢因荊州之失，夷凌之敗，劉備之亡，局面的轉折。指出原本「先帝東連吳、越，西取巴、蜀，舉兵北征，夏侯授首，此操之失計而漢事將成也」形勢大好，可惜「難可逆見」，局面突然轉變。「然後吳更違盟，關羽毀敗，秭歸蹉跌，曹丕稱帝。」其後劉備猇亭之敗，一時國本動搖，內部動蕩。諸葛亮是在這種局面下被託孤主政的。諸葛亮在襄陽三顧草廬而出山後，劉備是處於「後值傾覆，受任於敗軍之際，奉命於危難之間」。諸葛亮總是在形勢最艱難的時候接任的，真應了「天降大任於斯人也」，從中可見諸葛亮有臨大難而不懼的意志，與不可奪的信念。

諸葛亮在三國，是一位出色的政治家。諸葛亮自 27 歲出道，殫精竭慮，50

（註2） 日本林田慎之助，用櫻花來描述諸葛亮的一生悲劇色彩。

歲已油盡燈枯，鞠躬盡瘁，政治生涯僅得 23 年。從 223 年輔助後主劉禪，到 234 年星落五丈原，真正主宰蜀政的，只短短的 10 年。其間又南征北伐，奔馳於軍旅，無法從容施政。諸葛亮在成都，全力經營國家的四、五年，他不僅緩和了劉備敗軍夷陵後的蜀漢危機，而且治理蜀漢成績卓越。並且奠定了即使他去逝世後，蜀漢仍維持了幾十年比諸魏、吳更為清明的管治，以一州之地，力抵強大的曹魏。同代人曹魏重臣劉曄也說，「諸葛亮明於治而為相」，賈詡說「諸葛亮善治國」，不待後世已有定評。陳壽後身仕司馬晉，評述諸葛亮難免有曲筆，但是對他治蜀的成就，條分細析，高度讚揚。認為諸葛亮乃「管治之良才，管（管仲）、蕭（蕭何）之亞匹」。諸葛亮治一隅之蜀漢，短短十年而能成為中國幾千年歷史上最出色、最具才智、人格較完美的政治家之一，無怪為後世所崇仰。在亂世的漢末三國，諸葛亮是一位出色的謀略家和軍事家，在治蜀上同樣成就斐然。他主持蜀政，成就主要有以下幾個方面。

· 成都都江堰的諸葛亮立像

公正善用人才
穩固蜀漢政權

劉蜀入主益州，面對的是劉焉、劉璋父子分而治之的政策，而致人心離散，社會紛亂的局面。劉漢也是一個外來的政權，如何凝聚各方各派人才，穩住政局，有效施政，是最迫切的問題。作為丞相的諸葛亮，以公正的態度、尊重待人的精神、兼顧才德的選任及拔擢各級官員，凝集了荊州士人集團、益州本土集團、劉焉劉璋父子舊僚等各方各派的人才，形成了有效的管治隊伍。如重用劉璋舊臣董和、黃權、李嚴、吳懿、費觀及劉璋的姻親彭羕和劉巴；也大力提拔本地人才如秦宓、杜微、張裔、楊洪、馬忠、王平及李恢等。

同時，諸葛亮親自制定各種條例手喻，訓勵官吏有所循從，勤於職守。諸葛亮執法如山，賞罰嚴明，開誠佈公，選賢任能，務求吏治清明，革除弊政。更以經學家譙周掌管教育，建立太學，置博士教授學業，培育人材。即使諸葛亮逝世，直到蔣琬、費禕及姜維主政，蜀漢仍然是三國之中，吏治最為清廉奉公的，這完全是諸葛亮的遺教。

劉備與諸葛亮的「如魚得水」，關鍵是兩人在政治思想上的相知。兩人精神上都是奉行儒家，而行政上卻屬行法家式的法治。這是漢末三國「識時務」的俊傑，對東漢以來流於懈怠、陷於紛亂的政局，力求改弦易轍的共識，諸葛亮與曹操是其中實踐的表表者。諸葛亮任人唯賢、推行法治以及整頓吏治。有效地針對劉焉、劉璋父子威刑不肅，地方豪強專權自恣的局面，諸葛亮採取打擊豪強的嚴厲措施，頒佈及制定法令《蜀科》等等條例。法律明文規定，而有公開懲處機制，使政令上行下效，藉以抑壓豪強魚肉百姓。

諸葛亮強調「治實而不治名」的原則，重視官吏的考核，以志、變、識、勇、性、廉、信等各方面循名責實了解他們忠於職守與否，並給予賞罰升降，使官吏們兢兢業業，注重清廉，一洗東漢末年官吏貪殘昏庸、浮華腐敗之風。陳壽稱道，「諸葛亮執法，科教嚴明，賞罰必信，無惡不懲，無善不顯。致於吏不容奸，人懷自勵，道不拾遺，強不侵弱，風化肅然也」。

恢復農業
發展工商

夷陵大敗後，蜀國元氣大傷。諸葛亮為與民休養生息，恢復農業、發展工商，實行藏富於民的政策。歷史說他因「（曹丕）多務且以境勤農，育養民物，並治甲兵，以待其挫，然後伐之，可使兵不戰民不勞而天下定也。」（《三國志·蜀書十二·杜微傳》）

在農業方面，諸葛亮知農業是立國之本，以秦宓、孟光為大司農，設置督農之官，加強蜀國的農業管理。且減輕賦稅，抑制豪強併吞農地，發展農業生產。農業需要水源灌溉，諸葛亮十分重視岷江上游的都江堰，特設置專門的堰官及千多名壯丁，負責保養及疏浚，令其下游的成都平原得到最佳的灌溉。晉人左思在《蜀都賦》中描繪成都平原豐收的景象「溝洫脈散，疆理綺錯，黍稷油油，秔稻莫莫」，這與上述兩個舉措有密切關係。堰官制度被後世歷代王朝仿效沿襲。

大力發展益州的特產工商業鹽、鐵，也是經濟發展的重要資源。諸葛亮任命王連為鹽府校尉、張裔為司金中郎將，分別專管鹽鐵生產，把鹽、鐵生產由私人收歸國營，不准豪強侵佔國家資源。在諸葛亮治理下，蜀國鹽業遍地開花，《山川記異》記載鹽井有 14 口。鹽稅成為國家財政收入來源之一，後世有人論其以鹽立國。諸葛亮重視井鹽生產技術，火井（天然氣井）煮鹽取代傳統家火熬製，產量提高一倍。張華《博物志》提及臨邛有「火井一所……諸葛丞相曾往視之，後火轉盛熱，以盆蓋井上，煮滷得鹽」。同樣，諸葛亮重視鑄鐵業改良技術，命令煉鐵工匠蒲元在漢中鑄造寶刀，他利用精湛的淬火技術打造鋒利無比的刀具。從諸葛亮《作斧教》、《作鋼鎧教》、《作匕首教》以及成都地區出土的銅弩機等文物，證明諸葛亮重視武器製作的質量，有助於軍事征伐。鑄鐵的發展亦促成農器改良，質地優良的農具使用起來省時省力，便利於精耕細作，有力推高農業生產力。

同時，他採納劉巴的建議，鑄造錢幣，平諸物價，設立官市，派官吏管理市場，從而使府庫充實，經濟興旺。最後，諸葛亮重視蜀錦的生產，甚至說，「今民貧國虛，決敵之資，惟仰錦耳。」（《太平御覽》引《諸葛亮全集》）。除在源頭上種桑養蠶發展蜀錦外，更設置錦官，加以專門管理，無論在生產規模和產量都超越前代。蜀錦成為外銷的產品通往魏吳，更輸往如今的巴基斯坦、

・成都錦江

印度、阿富汗、伊朗、中東和歐洲地區，馳名海內外。左思《蜀都賦》載，「闤闠之里，伎巧之家，百室離房，機杼相和，貝錦斐成，濯色江波。」蜀國當時織錦業之大盛，致令南河得名錦江、成都稱為錦城，工匠所住地方名謂錦里，遺跡留存後世。

· 都江堰的寶瓶口

諸葛亮在日本社會的形象

日本這個地方在中國歷史的文獻中，最早見於《三國志・魏書三十・倭人傳》。中國的「三國時代」，也正是日本古史上著名的「卑彌呼女王時代」。《三國志・魏書・倭人傳》是古代日本歷史研究的極珍貴的文獻，日本最早的兩本歷史著作《日本書紀》和《太平紀》就引用大量的《三國志》的材料。

在日本的「平安時代」（約唐至南宋），很多史著、漢詩和講話都引用了不少三國的故事。在 1604 年江戶時代，日本學者林羅山（1583—1657年）在他的讀書目錄中，最早提及了《通俗演義三國志》。自此關於《三國演義》在日本的傳播情況，記載很多，所以「三國時代」也成為日本社會對中國歷史最熟悉的一段歷史。直到今天，日本關於三國的各種媒體的出品，其熱門程度，不下於三國在中國。

日本關於三國人物，最熟悉或者說是最崇拜的，會因應歷史時代而有所轉變。但是，劉備、關羽、張飛、諸葛亮、曹操和趙雲，一直都是最受歡迎的人物。其中又以諸葛亮最受大眾喜愛和崇拜，歷久不衰高居前位。歸納日本學者的研究，諸葛亮在日本社會最鮮明的形象，是一個對自己理想誠實的政治家，稱他「至誠的忠誠」，「希代（稀世絕代）的軍師」。總的來說是一位戰略家、政治家、軍事家和發明家的「超一流」人物。而且思想合理細密，極富理性。最為特別的評價，是以諸葛亮為「失敗英雄」，說他的一生是一種「深刻的莊重和悲壯之美」，是一種「滅絕的美學」。諸葛亮在日本這樣的「悲壯淒美」的形象，是源自日本民族性特有的崇拜悲情的哲學，與偏重浪漫悲情的美學。

· 成都漢昭烈廟諸葛武侯像

· 成都武侯祠紅牆竹林
成都武侯祠紅牆竹林，古意盎然。

第三章

孫權大帝

晚年昏瞶

3 自 221 年四月劉備稱帝，孫權自公安（今湖北公安縣），遷都於鄂，並改名為武昌（今湖北鄂州市）。八月修築武昌城。這種遷都的安排，「既城石頭，又城武昌，此吳人保江之根本也」。三國之中，以孫吳遷都最多，共五次，全在長江沿岸。可見長江天險對孫吳立國的重要，而長江自此也成為了中國南北分治時，南方政權立國之地。

分化吳蜀
收吳為藩

孫吳最初的基業，在江東地區，所以孫堅和孫策率領的武裝部隊，稱為江東子弟兵。長江的中、下游，可分江東、江西、江北和江南四區。長江的流向，由鄱陽湖向北流再轉向東流而入海。所以長江的下游，在此轉折的地方，分稱為江東和江西。赤壁戰後，孫吳經二代三主的奮鬥，終於得償所願，勢力從長江的下游，延伸到長江的中游。後奪得關羽駐守的荊州，再在夷陵之戰取得勝利，孫吳在長江的勢力已抵達長江中游西面的三峽以東地區。

孫吳的置治郡和置都遷移，由原在下游江南的吳郡（今江蘇蘇州市），遷移到京口（今江蘇鎮江），再遷到武昌（今湖北鄂城）。這是因應孫吳在長江勢力的西移，而作出的舉動。諸葛亮主蜀政後，吳蜀通好，孫權稱帝，再由武昌遷都到建業（今江蘇南京市）。孫吳的都城來回遷移，是根據當時軍事形勢的需要。遷武昌是為了爭奪長江中游的控制權。219 年偷襲荊州成功，取得夷陵之戰成功，保証了中游的安全，才定都建業。

自劉備奪取了漢中，曹操稱魏王的時候，三國之間的關係，悄然起了變化。建安二十四（219 年）時孫權已佔據了荊州，同年孫權竟上書曹操稱臣；到曹丕稱帝時，孫權又向曹丕稱藩，並「遣使奏章」。由曹操到曹丕魏國君臣，洞悉孫權並非真心的臣服，是出於「見策知變」的權宜。因為孫權知道劉備早晚會報殺關羽、奪荊州之仇，怕兩邊受敵。曹丕遂拜孫權為大將軍，封吳侯，加九錫（《三國志・魏書二・文帝紀》），以此象徵收孫吳為藩屬，以分化吳蜀。

改元黃武
以示獨立

222 年在猇亭之戰，陸遜大敗劉備之後，孫權雖然仍向曹魏稱臣，但只是「外託事魏，而誠心不款」。到孫權不應允曹丕的要求，拒絕送兒子到洛陽為「任子」（性質是人質），曹丕完全明白孫權的真實心意。是年九月，派曹休、曹仁和曹真領兵南下，分兵三路征伐孫吳的洞口、濡須口和江陵。孫吳亦以呂范、朱桓和諸葛瑾等率兵應戰。十月，孫權更改元黃武，不再用曹魏年號，以示獨立。經連場戰役，互有勝負，孫吳雖然損失重大，曹魏軍也無法越長江的雷池，只好退兵北返。224 和 225 年，曹丕再次南下親征，雖抵長江邊，仍然無功而退。226 年曹丕病逝，曹叡繼位。

自孫吳奪取劉備的荊州之後，劉、孫關係破裂。夷陵之戰失敗後，劉蜀已無力東征。到此，孫、劉雙方都正視現實，關係漸趨緩和。劉備逝世，諸葛亮主政，則努力恢復劉、吳的同盟關係。223 年派鄧芝出使武昌，面謁孫權，轉達了諸葛亮有通好之意。224 年，孫權派張溫使蜀「通致情好」，隨之鄧芝再出使孫吳。曹丕的南征，亦宣告了曹、孫關係的破裂。226 年八月，孫權一改多年屈從曹魏的姿態，趁曹丕死曹叡繼位之機會，主動率兵攻打曹魏。由江夏郡出攻石陽（今江西吉水東北），另派南郡太守諸葛瑾進攻襄陽（今湖北襄陽），再分軍攻尋陽（今湖北黃梅西南），兩線出擊；但結果皆以失敗告終。

兩年後，228 年五月，孫權作了更大的軍事部署和行動，北伐曹魏。這是吳、魏之間一場重大的戰役，史稱「石亭之戰」。曹叡和揚州牧曹休，為孫吳的周魴假降所欺騙，率步騎 10 萬，直取吳的皖城。曹叡再命駐軍宛的驃騎將軍司馬懿，攻打江陵；又命豫州刺史賈逵率軍攻打濡須的東關，三路並進。八月孫權親至皖口（今安徽安慶市西），再趕到皖城，任命陸遜為大都督，朱桓、全琮為左右督，各領軍三萬迎擊。

孫吳決心
抗衡曹魏

曹休軍到了石亭（今安徽潛山縣東北），遭吳三軍包圍。在吳軍的攻擊下，曹休大敗，倉皇北走。曹休被追逃到夾石，再受吳軍截擊，情況危險。幸原進軍濡須東關的賈逵，擔心曹休的妄進而改變主意，水陸並進馳援曹休，趕到夾石，吳軍見魏援軍而撤退，救曹休於覆滅。

經過這場戰役的勝利，孫權對明帝曹叡個人和魏廷作了重新的評估，有信心可與曹魏抗衡。何況，蜀漢自諸葛亮當政後，吳蜀關係轉好。魏蜀分別立國稱帝，孫權不可能無動於衷。孫權對魯肅提出孫吳的發展策略，「鼎足江東，以觀天下之釁⋯⋯亦自無嫌⋯⋯竟長江所極，據而有之，然後建號帝王以圖天下」是認同的。

正如陳壽對他一生的評價，說孫權是「屈身忍辱，任才尚計」，是個很擅於看時機，權衡形勢的人。早在 223 年，東吳群臣就勸孫權「即尊號」稱帝。他審度時勢，以「此言非所及也」，即是說時機未成熟。229 年四月，孫權終應大臣的勸進，在武昌即皇帝位，改元為黃龍。孫權稱帝後，諸葛亮堅持聯吳討曹魏的政策，與吳達成「並尊二帝」，「中分天下」的盟約。自此，吳蜀不再發生過戰爭，分別對曹魏的抗爭中，吳蜀時有呼應和配合。三國鼎立，進入了另一個新階段。吳蜀各自開疆闢土，修整內治，一致抗衡曹魏。

孫吳
長江四都

孫吳的置治郡和置都，由原在下游江南的吳郡（今蘇州），遷移到京口（今鎮江），再遷到武昌（今鄂州）。這是因應孫吳在長江勢力的西移，而作出的舉動。諸葛亮主蜀政後，吳蜀通好，孫權稱帝，再由武昌遷都到建業（今南京）。孫吳的都城來回遷移，是根據當時的軍事形勢的需要。遷武昌是為了爭長江中游的控制權。219年偷襲荊州成功，取得夷陵之戰成功，保証了中游的安全，才定都建業（今南京）。

| 孫吳長江四都位置圖 |

吳郡
——瓷器和銅鐵製造發達

195年，孫策擊破揚州的劉繇，據有江東，便以吳郡（今江蘇蘇州市）為治府。198年，曹操表孫策為討逆將軍，封吳侯。200年，孫策死，弟孫權代之，時16歲。蘇州的建城，可追溯到2500年前的吳王闔閭。公元前514年，伍子胥修建新王城周長愈47里，外廓愈68里，有水陸城門各8座。是春秋戰國時期江淮最大的城池。秦統一全國，分全國為36郡，其中會稽郡的郡治在吳縣。

· 蘇州古城的水陸城門閶門

· 蘇州虎丘塔

· 蘇州瑞光塔

據史書記載，三國吳赤烏四年（241 年），孫權為
迎接西域康居國僧人性康而建瑞光寺。赤烏十年
（247 年），孫權為報母恩又建 13 層舍利塔於寺中。

· 蘇州虎丘劍池

· **盤門外聯通大運河的吳門橋**

盤門有水陸兩道城門，而水門又分前後兩道。內城水門設水閘及柵門，隨時可用絞關石開啟和關閉，不僅能作軍事的防禦，又能控制水位。水門內外兩重，形成高大的城門洞，可容兩艘船交會通過。城池水陸城門並列，是中國古城絕無僅有的建設。

· 江南水鄉

東漢三國，江南地區的瓷器和銅鐵製造業發達，顯示了江南地區在經濟上，有可與中原地區抗衡的基礎。瓷器的發明是在中國，根據考古發現，浙江、江蘇是最早燒造青瓷的地區，僅三國吳、晉時期已發現的作坊有四十多處，窰址六、七十處。江浙地區在漢末三國時期已具備成熟燒造青瓷的技術，孫吳時期，會稽（今浙江）越窰是其代表，質地細膩、釉面光澤、燒結度好，造型複雜、多樣、美觀。

· **青釉雙耳罐**
（蘇州博物館藏）

· **青釉瓷龜形水注**
（蘇州博物館藏）

另外，距今 4000 年前，中國已開始使用青銅鏡。銅鏡是中國使用時間最長、範圍最廣、對人們日常生活有影響的器物。漢末三國，武昌、洛陽和會稽，為全國鑄鏡中心。銅鏡在魏蜀吳的轄地均有出土，其中以孫吳出土最多，也最為集中。吳鏡以會稽和武昌（今鄂州）為兩大鑄鏡中心。浮雕式的畫像鏡與神獸鏡是銅鏡新的創新，而且鑄有紀年銘文、作坊和工匠姓氏。其中典型的題材，是神仙車馬的西王母、東王公與伍子胥等歷史故事；在銅鏡上鑄造佛像，更屬先河。銅鏡除可用手執繫於鈕上之繩帶，攬鏡自照外，也置鏡去梳理鬢髮、塗施脂粉、簪戴首飾。日本現藏有的三國銅鏡，以吳鏡最多，這是當時中國與日本來往的實證。

由銅鏡、瓷器和鐵器等工藝的繁盛與創新，側面反映了東漢末三國，作為後發的江南地區，經濟已很進步，駸駸然可與中原地區分庭抗禮。

·赤烏二年神獸紋銅鏡

赤烏二年（公元 239 年）為孫權年號，孫權於該年派軍襲擊遼東。
（蘇州博物館藏）

·西漢彩繪化妝復原圖

可清晰見到古代貴族使用銅鏡有兩種方法：
一種是如最右則的女子以手執繫於鈕上之
繩帶以攬鏡自照；然而當梳理鬢髮、塗施
脂粉及簪戴首飾的場合，則須置鏡於鏡台。
（原畫英國大英博物館藏）

·西漢彩繪雙層九子漆奩

（湖南省博物館藏）（劉煒提供）

放置手套三雙，絲
綿絮巾、組帶及絹
地「長壽繡」鏡衣
各一件。

梳妝奩蓋

九個小奩：放
置化妝品、假
髮、胭脂、絲綿
粉撲、梳、篦及
針衣等物品

京口
—— 江南第一要塞

建安十三年（208年）「赤壁之戰」前夕，吳主孫權將治所由吳郡西遷京口（今江蘇鎮江），並在北固山前峰鼓樓崗築城一座，作為軍府。建安十二年（209年），孫權從蘇州遷都到京口，作為治所。把北固山的前峰圍進城內，在峰上修建了鐵甕城，作為宮殿城，內外用磚。

　　蘇州偏東南，臨海，遠離長江前線，非江防險地。所以西遷數百里的京口，是基於一種積極的軍事戰略。孫權在京口建的城，城長1050米，城高10米，「內外皆固以磚壁，號鐵甕城」，雄據北固山前峰，臨江，十分險要。京口鐵甕城比孫權在南京所建石頭城要早三年，比湖北鄂州吳王城要早十一年。四年後，211年再遷秣陵，第二年改建業，西離海口更遠。吳初已開鑿京口河道，使丹徒水東通吳會，北接大江，京口成為江河交匯處。地勢險要，尤利水軍。當時長江口以北的海岸線在今海岸線內側幾十公里處，廣陵故城（今揚州）和對岸的丹徒（今鎮江）是瀕臨喇叭狀的海口的。

　　《三國演義》特別多情節以京口為背景。北固山位於鎮江市北側，瀕臨長江，由亙長連綿的前峰中峰和後峰組成，主峰為後峰。京口之山，以金山、焦山和北固山為首，稱三山勝概，天下之最。三國時已有北固山之名。北固山位於金、焦兩山之中，突出江口，形勢險要。北固山自古就為軍事要地，

· 京口海岸線
在京口海岸，有金山、北固山及焦山三處險要，均是南岸的屏障，足見京口具有重要戰略位置。

儲糧駐軍。東吳孫策、周瑜就設主營在此。前峰鼓樓崗為三國吳孫權所築三國鐵甕城。原是孫策主帳地，周瑜建水軍處。孫權由吳蘇州遷到京口，宮殿建於前峰，後宮殿為周瑜帥府，從晉到清，歷朝府署均在此地。

　　北固山在京口城北，下臨長江。歷代干戈之際，為江南第一扼塞險要地。逼近城郊，瀕臨大江。東望焦山，西望金山，江岸之北是蒼茫平野，江山相接與煙靄瀰漫。江之南岸襟山帶江，險峰臨水，控楚負吳。雲山蒼蒼，江水泱泱。山雖不高，海拔僅 50 米，卻屬名山之列。北固形勝如臥虎盤踞江上，遙與金焦兩山相倚角，內足以固京口，外足以蔽江南。京口作為軍事重鎮之外，也是歷史勝景。南朝梁武帝蕭衍曾在此寫下「天下第一江山」六個字，今所見的「天下第一江山」是南宋吳倨所書。南宋辛棄疾晚年在鎮江當了兩年知府，留下了傅頌千古詠三國的《永遇樂‧京口北固亭懷古》和《南鄉子‧登京口北固亭有懷》。

‧北固山上看長江

· 天下第一江山

· 北固樓

位於北固山後峰山巔。南宋
辛棄疾兩闋以永固樓為題的
詞，就是他登臨北固樓時觸
景生情寫成的，現樓仿宋樓
閣而建。

· 祭江亭狠石

在北固山後峰的最高處，多景樓
下的演武場。蘇文忠謂「寺有石
如羊」，相傳諸葛亮坐其上與孫
權談論對付曹操的軍事，也有説
是劉備。狠石非原物，能代代按
原模樣翻製，也不容易。

· 北固山蹓馬澗

當時能蹓馬的，當然是山泥路而已，走馬澗其水已涸。劉備娶孫權親妹是在 209 年，劉備在 210 年才到過京口會晤孫權。《三國演義》描繪劉備展娶親的情節，多屬虛構。當時尚未有甘露寺，而吳國太已去世七年。209 年劉備親自赴京口是為了向孫權求借江陵。

· 鐵甕城

甘露寺鐵甕城在北固前峰，創建於吳甘露元年（265 年），周長一公里。呈馬蹄形，依山而建，二面環山，一面臨江。

京口西津古渡遺址位於鎮江西部蒜山之下，北宋王安石的《泊船瓜州》，情景交融，並以一字之修改，膾炙人口。詩中說及的幾個地名，點示了京口的相關地理，尤其難得。詩曰：

> 京口瓜州一水間，鍾山只隔數重山。
> 春風又綠江南岸，明月何時照我還。

京口，即今日的鎮江。隋時稱延陵，唐朝改稱為丹徒，南宋時改為鎮江府，沿用至今。京口在三國時只是聚落形成的城鎮。西晉才改為京口。亦有說秦漢時鎮江稱丹徒，與廣陵（今揚州）隔江相望。最初是長江南岸的一個重要渡口。瓜州即是京口長江對岸的揚州，鍾山乃南京。鎮江位於「吳頭楚尾」，是長江下游的重要軍事據點，也是江南地區的天然屏障。陸游《水調歌頭 · 多景樓》首兩句，則點出「江左佔形勝，最數古徐州。」所指的古徐州就是鎮江。晚唐張祜《題金陵渡》曰：

> 金陵津渡小山樓，一宿行人自可愁。
> 潮落夜江斜月裏，兩三星火是瓜州。

鎮江城西蒜山下的西津渡稱金陵渡，與江北瓜洲渡口相對。自大運河開鑿，長江下游南北往來多取西津古渡。（參考鎮江北固山風景區編《北固山遊記選》；劉雨、勇劉挺《中國鎮江風景名勝》；嚴其林及程建《京口文化》等）

· 京口西津古渡遺址　　　　　　　　· 待渡亭

·金山寺

· 傳說中水漫金山的地方

建業
——孫吳重要軍事屏障

孫吳多次定都建業（今南京）。212 年九月，孫權徙置秣陵，改秣陵為建業。是南京建都之始。孫權更於濡須水立濡須塢，以作拱衞。229 年四月，孫權即帝位，蜀吳再次聯盟，九月遷都建業。265 年冬，孫皓徙都武昌。267 年，孫皓還都建業。

　　孫權所建的建業城（石頭城），在今南京清涼山西麓，依山而築。南京的築城可追溯到公元前 333 年楚威王設金陵邑。秦始皇改金陵邑為秣陵縣。三國孫權赤壁戰後，將治所由京口遷到秣陵，並改名建業。第二年在清涼山上原有城基上修建石頭城。石頭城原在建安十七年（211 年），孫權遷都建業，在「金陵邑」的舊址上修建的，是建業城西部的一個獨立小城池，是在清涼山上填土而成的。城長七里左右，三國時是土築，東晉時加砌磚塊。當時長江從清涼山下流過，軍事上十分重要。石頭城有倉城，是儲存兵器和糧食的地方；城西南有烽火樓，用作烽火報警。當時孫吳在長江沿江軍事要處設有烽火台。石頭城下是著名的秦淮河，有吳國水軍駐守，可停泊戰船千艘；石頭城一直是南朝都城的重要軍事屏障。

　　自東吳黃龍元年（229 年）定都南京以後，自此東晉、宋、齊、梁及陳均都於此；魏晉之際改為建康。石頭城赭紅色卵石牆基，也可見歷代在岩牆上增砌的城磚。其中一段城牆上有橢圓形石壁形似人面，又稱鬼臉城。古長江巨浪拍擊山麓，致山崖沖刷成峭壁，宋以後石頭城下的長江已西移 10 多公里。

　　作為首都，長江流域最佳的地理位置是南京。南京在長江三角洲，農業發達，經濟繁榮。前據大江，南連重嶺。諸葛亮曾說秣陵：「鍾山龍蟠，石頭虎踞，此帝王之宅。」孫權將秣陵改為建業，以此為吳國國都。在晉時南京西區朝天宮一帶有冶城，金陵與冶城都有冶鑄金銅的意義，傳冶城乃吳王夫差冶鑄的所在。自戰國秦漢時，吳越地方，即南京到杭州一帶，為冶鑄工業的中心。能鑄出夫差劍及吳王矛，可見江南鑄鐵工藝的高超。

　　春秋時的吳越，戰國時的春申，漢初時的吳王及淮南王劉安，三國的孫吳，所以能保持半獨立的政治狀態，南京為中心的江南地區，農業及工業發

達，是其割據的基礎。

（參考羅宗真《六朝考古》；葛劍雄《古都與城市》；楊憲益《譯餘偶拾》）

· 石頭城

武昌
——東吳第二都城

武昌位於現今湖北省鄂州市鄂域區,非現在武漢三鎮的武昌,距武漢 68 公里。鄂城在長江中游南岸,東西兩側分別有虎頭山和西山作城市的屏障。西山的西麓就是著名的樊口,是百里樊川注入長江的河口。赤壁戰前夕,劉備帶着幾千人在此歡迎由下游西上的周瑜水軍,樊口也是吳國重要的水軍基地。

· 西山上遠眺樊口與長江

221年春，孫權從公安遷到鄂城，改鄂城為武昌。八月大興土木修築武昌城，住了九年，人稱吳王城。孫權於229年在武昌稱吳大帝。221年至229年的孫權及265年至267年孫皓從建業遷到武昌，武昌與建業都是孫吳的都城，直到280年為西晉所滅。

　　孫吳的都城來回遷移是為戰略指揮的需要，據武昌是為爭長江中游控制權。219年偷襲荊州成功，再取得「夷陵之戰」成功，最後定都建業。

　　建安二十四年（219年），孫權背盟襲殺關羽，佔領了荊州全境。但劉備集團畢竟在荊州經營多年，深得人心，導致孫權對荊州的統治不穩。為了穩固對荊州的統治，孫權親自入駐劉備曾經作為大本營的公安。

　　公安（今湖北省荊州市公安縣）位於長江之南，只適合做臨時大本營。劉備絕不會坐視孫權完全吞併荊州。孫權如駐守荊州，是「主公守家門」，並不合理，公安也不適合做前線總指揮部。於是在建安二十五年（220年），孫權將大本營遷至武昌。孫權定都武昌後，取得了「夷陵之戰」的勝利，又擊退了曹丕大舉南下的進攻，穩定了對荊州的統治。於是孫權便在鄂州的西山設壇稱帝。

　　諸葛亮輔政後，孫劉二次聯盟，東吳西方再無重大威脅。武昌的戰略意義下降。於是在登基稱帝後幾個月，孫權將都城遷到建業。不過此後直到東吳滅亡，武昌都是東吳的第二都城。

·西山孫權登位壇遺址

西山古稱樊山，北挽長江，南望南湖。山雖然只有170米高，但山勢險峻，重巒疊障，卻風景宜人。吳黃武八年（229年）四月孫權在此設壇稱帝，改元黃龍。設壇稱帝，並建有避暑宮。現在登位壇堙沒，成為雜樹亂草的山崗。

·西山吳王試劍石

・武昌樓

相傳武昌樓是三國東吳軍事的瞭望塔，後人據孫權「以武而昌」命名為武昌樓。
它是吳王避暑宮的一個標誌性建築物，樓高五層，登樓遠眺，鄂州、黃州景觀盡
收眼底。

·九曲亭

繼位壇下九曲亭，宋蘇軾有詩文《記樊山》和《武昌九曲亭記》。

·吳王城遺跡

吳王城遺址在鄂州市東面百子畈一帶。有古城遺址，作長方形，周長約三公里。城內曾出土大量三國文物。吳赤烏十年〔247年〕，孫權拆除武昌王宮，將其材料運建業繕建太初宮。但其後諸葛恪和孫皓先後重修武昌宮，所以直到南朝，武昌吳王宮仍在使用。近30年的考古，挖崛了武昌宮的不少遺跡，也出土了大量的各種文物。

孫吳江淮攻防的軍事體系

歷史上，全面佔據了長江的中、下游，形成南北對峙局面始自孫吳。孫吳與曹魏對峙 50 年，長江中、下游成為了孫吳的大本營，為保障大本營的安全，逐漸建構起拱衛的一套完整防衛體系。

　　孫吳盡佔有長江中下游，西起三峽的東口，東到長江口，綿延 2000 里。屬於江西的淮南和合肥地區，則為曹魏所佔領，所以孫吳要在江西建立一道江北防衛線。三峽到江陵（今荊州江陵）為防線的上段，以江陵與曹操的襄陽形成對峙之勢，常備兵約七、八萬。夏口以東到建業以西為中段，以皖城跟曹魏的合肥和壽春對峙，常備兵 10 萬以上。建業以東為下段，以京口為重鎮。2000 里的長江，戰船數千艘，水陸總兵力達 20 萬。

　　孫吳另外在沿江佈置了江、陸結合的軍事要塞。在江北主要的是建平（今四川巫山縣）、夷陵（今湖北宜昌）、江陵（今湖北江陵）、蘄春（今湖北蘄春）、皖口（今安徽懷寧）、皖城（今安徽潛山）和濡須口（今安徽無為東南）。在江南主要的是夷道（今湖北宜都西北）、樂鄉（湖北松滋東北）、公安（今湖北公安南）、巴丘（今湖南岳陽）、陸口（今湖北嘉魚）、夏口（今湖北武漢）、武昌（今湖北鄂城）、柴桑（今江西九江西南）、蕪湖（今安徽蕪湖市東）、牛渚（今安徽馬鞍山）、建業（今江蘇南京）及京口（今江蘇鎮江）。這些江防要塞，三分二是在江南。其中重中之重的，是江北江陵，正面對曹魏的前線要塞的襄樊，以衛護長江的中游。另以濡須口防護長江的下游，所以孫吳的重兵設防是在江陵和濡須口。江南則以夏口、建業和京口為最重要。

· 蕪湖長江

　　從孫吳整體大戰略而言，長江沿線是軍事的防衞線，而非作戰前線。長江中下游長達 2000 公里，可渡江而難於拱衞的地方也不少，所以會在長江沿線兩岸設置要塞，建構立體的江防，以保衞長江大本營。對吳對魏來說，作戰陣地，是在大範圍的江淮之間的地帶。東面孫吳雖重視與擅長水戰，對於曹魏的戰爭，仍然以陸戰為主，江戰為防；因為陸戰是前線，江防是後防。

　　三國時最著名的「赤壁之戰」和「夷陵之戰」，戰場是在長江。「赤壁之戰」屬南北之戰，而「夷陵之戰」則屬南方東西之戰，兩場戰爭都是突入吳後防之地的戰役。至於 280 年王濬自蜀到武昌，再順江東滅東吳於南京，也屬由長江西部向長江東部的突破。日後中國相當長的歷史中，如北方正面攻打南方，只有兩種結果：一是渡過了長江，就可以長驅南下；或者南軍將北軍驅逐回淮河，少有南北軍在長江長期對峙的。「赤壁之戰」已突破長江，如取勝，相信曹操已可統一天下了。「赤壁之戰」後魏晉多次南征，與孫吳的爭持，主要仍在江淮之間。即有迫近長江，都是臨長江而還。

　　自孫策到孫權，除最初時治府在蘇州，其後的治所和首都，多次遷移，都在長江的中下游。治所和首都而外，沿江也設立不少軍事重鎮和佈置了軍事要塞。可見長江在三國時期作為「天塹」的重要，而長江也是南北分裂對峙的分界線。但是，對孫吳甚至後來的南方政權而言，「長江天塹」不是前沿戰線，是後防拱衞線。從軍事和立國而言，斷不可能置首都在戰線的前沿的。所以三國孫吳與曹操和司馬晉雙方的攻防線是在江淮、江漢之間。因為雙方皆視江淮之間為前沿的攻防區，都曾徙遷居民北上和南下，以致江淮地區出現「空虛」的景況。（參考張大可《三分的挽歌：話說三國十二帝》）

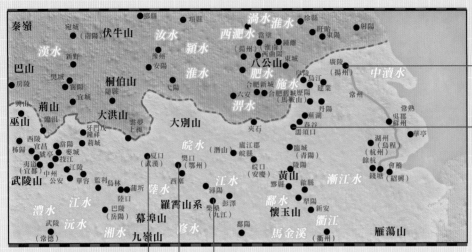

秦嶺
宛城
(南陽)伏牛山
汝水
潁水
渦水 淮水
徐縣
盱眙
東陽
盱陽

漢水
新野
豫州
安陽
西汜水
揚州)
淮河
西曲陽
東城
廣陵
(揚州)
中瀆水

巴山
房陵
樊城
襄陽 宜城
隨縣
桐伯山
弋陽
八公山
肥水
合肥新城
六安
合肥舊城
(馬鞍山)
新陽
烏江
建業
歷陽
常州
常熟
吳郡
蘇州
華亭

興山
臨沮
荊山
大洪山
雲夢
上浦
茂門
麋城
大別山
皖水
夾石
春谷
濡須口
蕪湖
丹陽
湖州
(烏程)
臨海
(杭州)
餘杭
渐江水

巫山
西陵
宜都
夷道
(宜都)
秭歸
猇亭
彝陵
枝江
中州
公安
江陵
華容
監利
烏林
蒲圻
西塞
皖口
(安慶)
皖城
廬江郡
皖縣
陵陽
鄱縣
黃山
歙縣
鄢陽
丹陽
錢塘
會稽
(紹興)

武陵山
澧水
武陵
(常德)
江水
沅水
陸口
巴陵
(岳陽)
幕埠山
湘水
夏口
(武漢)
樊口
(鄂州)
羅霄山系
修水
柴桑
(九江)
彭澤
江水
潯陽
鄱陽
鄱水
新安
懷玉山
馬金溪
(衢州)
衢江
雁蕩山

九嶺山

夏口
—— 漢江入長江河口

夏口（今武漢）居漢水入長江的河口，地位重要，是荊州的門戶。孫策經一連串的征戰，已據有會稽、吳、丹陽、豫章、廬陵五郡及江北廬江的一部分。建安五年（200 年），孫策以報父仇的名義，襲擊並打敗駐夏口的黃祖。建安八年（203 年）、建安十二年（207 年）及建安十三（208 年）春，孫權三次攻伐黃祖。最後在吳將董襲、凌統和呂蒙的死戰下，斬殺黃祖，鞏固了江東的安全。

荊州牧劉表的長子劉琦，得諸葛亮的指點，在爭嗣不利的情況下，適黃祖死，要求外放到夏口做太守。曹操攻打襄陽，關羽率領的一萬水軍順漢水而下，至夏口。長坂坡之敗，劉備、諸葛亮急忙趕到夏口，就是有關羽和劉琦軍的託庇；而夏口則成為孫劉盟軍的大本營。

・漢江之入長江河口

樊口
——扼長江之險

樊口在今湖北鄂州市西北五里樊港入江處。長坂坡敗退，劉備聽從魯肅的建議，東向與關羽萬餘水軍和劉琦率領的萬餘人馬在夏口（又稱沙羨）會合，並遣諸葛亮隨魯肅到柴桑（今江西九江）詣孫權，結盟抵抗曹操。關羽率領水軍萬餘人駐在夏口，張飛和趙雲各率 4000 人駐在魯山。

· 樊水流入長江處

樊口入江的西山腳下，有樊口遺址，是作為水軍基地的城堡。
背山臨水，至今仍是船舶停靠的港灣。

周瑜和程普率領江東水師由柴桑至樊山時，劉備早在樊山等候迎接。然後周瑜水軍繼續沿江西上，與順流而下的曹操水軍相遇於赤壁。孫權雖然敗滅黃祖，勢力西及江南地區，但夏口仍在劉表手上。甘寧作為前哨部隊駐兵當口（今武昌附近），胡綜為鄂長，樊口就在其轄區內。

　　樊口扼長江之險，東可鎮武昌都城，西可封夏口（今武漢市漢口）。樊口臨江靠湖，地勢低窪，南面有大小湖泊 18 個。吳王建都武昌後，在長江中下游的南岸，東起京口（今江蘇鎮江）西抵西陵（今湖北宜昌）每隔幾十里築一座烽火台，形成一長江的拱衞首都軍事防線。

　　（參考中國軍事史編寫組《中國軍事史── 中國歷代軍事戰略》）

揚州
——吳魏相爭之地

揚州在歷史上，與荊州一樣，既是州郡的名稱，也是一個城市的名稱。三國魏、吳對抗，各置揚州。魏揚州的治所在壽春，轄淮南、廬江兩郡。吳揚州的治所在建業，轄下有丹陽、會稽、建安及廬陵等 14 郡。所以作為吳國都的建業，也是揚州的治所。

· 揚州瘦西湖
瘦西湖原來非湖，是兩千多年前吳越爭霸時期的人工運河邗溝。

作為城市的揚州，在戰國稱為廣陵，東漢至晉，仍然稱為廣陵。魏吳相爭主要在江淮地區，廣陵介乎江淮的南北之間。吳的水軍北上攻魏，必須經由邗溝；魏軍南下征吳，東路必須經過廣陵。所以吳魏相爭，揚州城成為軍事的要塞。

在建安二年（197 年），曹操任命陳登為廣陵太守，對廣陵的開發，陳登起過很重要的作用。其中他改道開鑿邗溝，縮短了北上水路。由於曹操內遷江淮之間的人口，引致廬江、九江和廣陵等十餘萬民眾北渡淮河，以致江淮人口稀少，而廣陵城附近亦成空曠之地。

魏文帝曹丕在黃初五年（224 年）九月和次年十月，曾親率大軍抵達廣陵故城，終無功北返。留下了《至廣陵於馬上作》詩一首，對「天限南北」的長江，無逾越膽色，只能悻悻作態，說「不戰屈敵虜，戢兵稱賢良」。

· 揚州古運河

濡須口
── 吳魏相爭的古戰場

建安十七年（212 年），曹操起兵 40 萬欲報赤壁之仇，孫權大驚商議拒敵之策，長史張紘病故，有遺書勸孫權遷居秣陵，言秣陵山川有帝王之氣，遂命遷至建業，築石頭城。

　　孫權深知，在「赤壁之戰」中遭到慘敗的曹操一定會再來伐吳。當時，含山、無為等地已經屬於吳國控制。曹操要伐吳，必定要從巢湖，經濡須口，進入長江。孫權清醒地認識到，如果濡須口不保，長江岸防就會門戶大開，魏軍就可以隨時直逼都城建業。

　　建安十七年（212 年），曹操欲出兵，呂蒙說孫權夾濡須水口立塢。遂差軍數萬修築形似堰月形的濡須塢。到了後世，十二世紀的南宋王朝在此基礎之上，對濡須塢進行擴建成為偃月城。

　　孫權一面遷都秣陵，一面派兵在東關修築防禦。孫權在濡須山上築塢，再在七寶山上建西關，兩關對峙，中有石樑，鑿石通水，為險關津道。建安十八年（213 年）和三國魏黃初四年（223 年）曹魏和孫吳的兩次濡須口之戰就發生在此地，兩次戰爭均以曹軍無功而返告終。

　　吳軍於濡須口所築之塢，乃東關（今含山縣東關鎮）。濡須口實指濡須山和七寶山之間的水口。七寶山在今無為縣黃龍鄉境，臨河設關謂西關。兩山對峙，形勢險要，為巢湖的出口，亦是吳魏相爭的古戰場。

· 等候入濡須水的船隻

巢湖入長江只有濡須水（現為裕溪河），由長江進入裕溪河，走裕溪船閘進入河道，77 公里後可以到達巢湖。繼續北上就可以到達合肥。由於河道運力有限，在裕溪河口外很多的船在排隊等候放行，蔚為壯觀。

「草船借箭」發生在「濡須之戰」，而非《三國演義》所説的「赤壁之戰」，主角是孫權而非諸葛亮。建安十八年（213 年）正月，曹操與孫權對壘濡須。初次交戰，曹軍大敗，於是堅守不出。一天孫權借水面有薄霧，乘輕舟從濡須口闖入曹軍前沿，觀察曹軍部署。孫權的輕舟行進五、六里，並且鼓樂齊鳴，但曹操生性多疑，見孫軍整肅威武，恐怕有詐，不敢出戰，喟然歎曰：「生子當如孫仲謀，劉景升兒子若豚犬耳！」隨後，曹操下令弓弩齊發，射擊吳船。不一會，孫權的輕舟因一側中箭太多，船身傾斜，有翻沉的危險。孫權下令調轉船頭，使另一側再受箭。一會，箭均船平，孫軍安全返航。曹操這才明白自己上當（《三國志・吳書二・吳主傳》裴松之註引《吳曆》）。這件事發生在「赤壁之戰」以後五年。

・潯陽江夕照

潯陽江在柴桑，潯陽江是長江九江段的雅稱，是赤壁戰前的孫吳水兵重地，周瑜在柴桑訓練水軍。208 年，周瑜率領水軍出兵赤壁，也是由柴桑出發的。

・濡須水入長江

・岳陽樓城樓

・岳陽樓

今湖南岳陽在東漢時稱為巴丘，位於洞庭湖東岸，北靠長江，是南北交通咽喉。周瑜因傷病死於巴丘，魯肅繼周瑜為吳軍統帥，時魯肅年 39 歲。魯肅深知巴丘位置的重要，而以巴丘為水師基地。建安二十年（215 年），孫權以討還荊州不遂，調兵攻擊劉備轄下的荊南四郡。魯肅率一萬人馬，屯巴丘以鉗制在荊州的關羽。關羽率兵馬三萬，進入岳陽南面的益陽。吳蜀大戰一觸即發，幸魯肅從大局考慮，得以化解。

　　魯肅在巴丘修築了城池，操練水軍。在西門樓上修建閱兵台。這就是中國四大名樓之一的岳陽樓的前身。唐代杜甫《登岳陽樓》「昔聞洞庭水，今上岳陽樓。吳楚東南坼，乾坤日夜浮。」與宋范仲淹《岳陽樓記》，一詩一文，已令岳陽樓深入人心。「吳楚東南坼」亦點出巴丘居長江中、下游位置的重要。

・洞庭湖

柴桑
——諸葛亮舌戰群儒的地方

208 年冬十月，孫權駐紮在柴桑（今九江市）。赤壁戰前，諸葛亮隨魯肅到柴桑，說服孫權聯合劉備抵抗曹操；即《三國演義》中「舌戰群儒」的地方。在柴桑，諸葛亮對孫權與孫吳文武大臣的一番陳詞，是一篇外交辯論的典範。柴桑位於長江中下游交界的南岸，前面是長江天險和湖口作防線，背後有廬山和鄱陽湖以拱衛，是三國東吳的軍事重鎮，周瑜和程普都在這裏駐紮過。

　　「赤壁之戰」周瑜率領的水軍是從九江市甘棠湖的點將台出發，亦即「烟水亭」點將台舊址。東漢末年，柴桑為東吳屬地，吳主孫權的行宮就設於此處。建安十三年（208 年），曹操率領數十萬人馬，離開許昌，浩蕩南下，追趕劉備，虎視東吳。孫權封周瑜為大都督，命令他率領水軍在甘棠湖中日夜操練，準備自保。

　　當時的甘棠湖與長江、鄱陽湖相通，水域寬闊，為東吳的一處水上要塞。當年，湖上戰艦雲集。周瑜就是由此出發，出戰「赤壁之戰」。從烟水亭前拾級而下，過橋後，迎面有一座方亭，亭前有白石欄杆圍起的拜台，相傳就是三國時周瑜的點將台舊址。此後歷代有興廢，至清光緒間，烟水亭建築才形成現有的規模。

·九江甘棠湖煙雨亭全景

・江蘇無錫太湖

江蘇無錫太湖上營造三國時的水寨模樣。

第四章

孔明慷慨

南征北伐

3 諸葛亮主持蜀政，逐步穩定了內政的同時，外交上達成了吳、蜀「通致情好」，然後進行「南征北伐」的軍事行動。「南征」是指諸葛亮親自率軍和指揮，征服了「南中」，即蜀漢本部之南的越巂（今四川西昌市）、益州（今雲南晉寧縣）、永昌（今雲南保山市）及牂牁（今貴州四郡黃平縣）四郡的一帶區域。這一帶住的大多是少數民族，漢以來稱之為「西南夷」。諸葛亮在《隆中對》中，就提出要「南撫夷越」。

七擒七縱
降服孟獲

　　所以劉備取得益州，先後以鄧方和李恢為庲降（今雲南曲靖）都督，且治有成效。223年劉備敗死，雍闓、越嶲的高定元及牂牁太守朱褒先後叛變；尤其在雍闓和孟獲的鼓動下，一時叛變遍及南中地區。225年三月，當吳蜀恢復友好，諸葛亮便親率大軍南征。兵分三路，諸葛亮率西軍進攻越嶲，打擊高定元叛軍。在卑水（今四川會理東北）決戰，殺高定元，佔領了越嶲郡。而東路的馬忠打敗了朱褒，佔領了牂牁郡，然後進軍叛軍的最後據點益州郡。

　　五月，諸葛亮穿過群山，從三縫（今四川會理縣西南）渡過湍急岸峻的瀘水（今金沙江），驚險艱苦，迫近益州。於七月間「七擒七縱」降服了叛軍首領孟獲。再南進，與中路的李恢及東路的馬忠三路進攻益州郡，最終消滅叛亂，會師於滇池（今雲南晉寧縣東）。

┃ 南中之戰路線圖 ┃

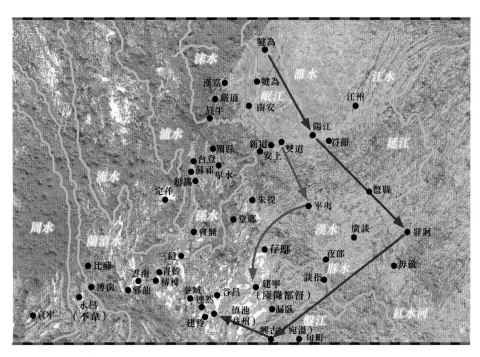

───── 諸葛亮西線　　───── 馬忠東線　　───── 李恢中線

征服南中後，諸葛亮分四郡為越巂、建寧、永昌、雲南、牂柯、興古和朱提共七郡，選任當地或熟悉當地的官員主持郡政。縣級，則採取撫柔的政策，基本由少數民族的「渠帥」擔任。另強遷地方橫強豪紳到成都，組編精壯的少數民族男子為「飛軍」，這「飛軍」成日後蜀漢一支驍勇的精銳部隊。向西南夷推廣各種中原先進的生產技術，推動了中南地區經濟的發展和生活的改善。諸葛亮的南征，不僅平復了反叛，而且實踐了他在《隆中對》的「南撫夷越」，使蜀漢無後顧之憂，而且在人力、物力和資源上，支援和壯大了蜀漢。

· 諸葛亮渡瀘處

· 羌族姑娘

· 群山雲繞的雲南

· 金沙江上兩岸羌寨

◉ 三國時期的羌氐地區 ◉

橫斷山脈南北大峽谷被稱為「民族走廊」。因為在歷史上，此通道是不同民族從西北地區向西南地區遷徙的途徑。主要的民族如羌、藏及彝等都居住於大峽谷南北兩端。羌氐是上古以來唯一由先秦延續至今的古老民族，與華夏族同處於黃河和長江之間。西羌本出自三苗，三苗湖南衡山附近姜姓的別支，由舜帝遷之。羌族分佈範圍很廣，東起隴西，西迄黃河源，南抵西藏高原，西至新疆中部地區，分成不同的支系。漢以後遷移至川西和川西南就有旄牛羌、白馬羌、白狗羌等。東漢時期，羌人部落很強大，代替西漢時的匈奴，成為中央朝廷大患。四川西北部古羌大遷徙於岷江上游，特色建築石碉樓，分佈在今天岷江上游大小金川。（參考霍巍《西南天地間——中國西南的考古‧民族與文化》）

· 航拍滇池晨曦
漢之益州郡郡治在滇池，諸葛亮南征，三路會師於此。

・航拍滇池

蜀漢的
北東攻防線

古人入蜀主要有水陸兩路。陸路，是跨越橫亙於川陝之間的秦嶺山脈西邊，而入漢中；進入漢中後，要再經偏東南的巴山和龍門山而入蜀。所經的通道，走的都是山梁和河谷而形成的「峽道」，在「峽道」上，開鑿出來的通路稱為「棧道」，就是著名的「蜀道」。「蜀道」的開鑿，最少始於西周，至今也有近 2500 年的歷史。所以無論從關隴入漢中，或從漢中入川蜀，正是唐朝李白所描述的，「蜀道難，難於上青天」，因為只有「棧道」可走。

水道，必須經過長江。長江自古為「天險」，出入四川必須經過長江三峽，更是「天險中的天險」。三國鼎立的蜀漢，北之對曹魏，東之對孫吳的軍事攻防線，就是處於這水路和陸路上。三國期間蜀漢之對曹魏與孫吳的攻防戰役，就在此攻防線的關隘上。

蜀道難
難於上青天

貫通秦蜀的「棧道」，分成北棧道和南棧道兩段。

北棧道，指翻越秦嶺的道路，共有四條道路：

一、褒斜道：北起斜谷口（今陝西郿縣斜峪關口），南到褒谷口（今漢中市褒城附近），沿褒水形成的褒谷與斜水形成的斜谷行走，全長約 249 公里。

二、陳倉道：由寶雞經陳倉出散關，沿嘉陵江東源故道河谷而行，在略陽縣境可接入金牛道進入四川。

三、儻駱道：北起周至縣西南駱峪，南到洋縣儻河河口，全長約 240 公里，是三國時代才開通的，亦是翻越秦嶺距離長安最近的道路，也是最險要的道路。

四、子午路：從今天西安的東南的杜陵穿越秦嶺到漢中的通道。是自古由長安到漢中、到巴蜀的重要驛道。

南棧道指由漢中、甘肅入蜀的道路，有四條：

一、陰平道：北起甘肅文縣的老城，翻過青川縣境的摩天嶺，經唐家河，而到達川蜀的江油關，全長 260 公里。

二、米倉道：北起漢中，沿着濂水谷道和巴江谷道，翻越米倉山入蜀，南至巴中境的南江縣，長 240 公里。

三、金牛道：這道是褒斜道向南延伸的道路。從漢中出發，經勉縣，跨七盤關、劍門關，再越梓潼，過涪關、綿竹及雒城而抵成都。

四、荔枝道：荔枝道是子午道的延續，過漢中向南到達重慶涪陵。全程共 1000 公里。唐玄宗由此路給楊貴妃送荔枝，此路因而得名。

| 蜀秦間棧道位置 |

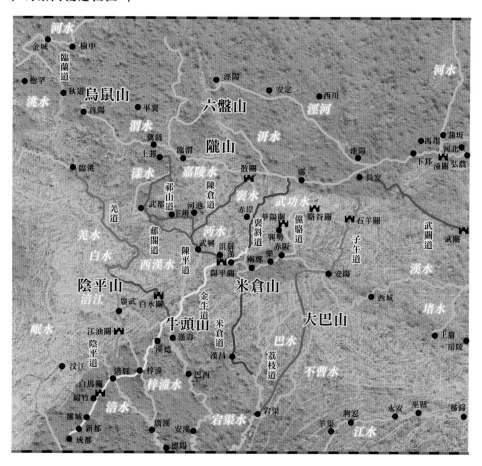

· 航拍秦嶺

· 漢中盆地北緣與秦嶺

所謂「蜀道」，有廣狹兩義，統稱以上七條道路的，是廣義的蜀道；而狹義的蜀道專指「金牛道」。「金牛道」是入川最古的道路，也是最重要的通道，「金牛道」在中國古代已很著名。對這條古道的大致走向，學術界基本有定論，考古上有不少遺跡可尋。唯獨由昭化城（古葭萌關）到古陽平關的一段存有分岐。分岐在金牛道自關中八百里秦川逶迤而來，出了勉縣，過了陽平關後，一說走朝天驛，經廣元到昭化；一說後向右經平緩山道，沿白龍江支流，直抵古白水關（今青川縣永紅鄉五里埡村），然後至昭化。後說有記載，諸葛亮伐中原，軍旅往來，皆由馬鳴道，白龍關江岸有棧閣，名馬鳴閣。

劍門關蜀道是金牛道的一段。蜀道古老模樣，今天依稀可見到完整的四川劍門一段蜀道，沿線保留有古道、驛舖、棧閣、關隘、古鎮、古柏、古遺址等，更留下歷代豐富的歷史事跡和名人紀遊詩文，歲月悠悠，江山易變，至今尚留有跡影，是難能可貴的歷史文化遺產。

上書《出師表》
北伐曹魏

226 年，魏文帝曹丕病死，子曹叡繼位。次年的 227 年，諸葛亮覺得已是時機，上書《出師表》，要北上討伐曹魏。《出師表》是傳頌千古的文章，不僅在中國，在日本和朝鮮，也是人所共知，是一篇感人至深、傳頌千秋的鴻文。甚至中日都流行說，「讀《出師表》而不落淚的，一定不是忠臣」。二次世界大戰前，《出師表》一直是日本學生漢文讀本所選用的文章。《出師表》不啻是一篇蜀漢的北伐誓言。

該年春，諸葛亮率軍進駐漢中。在漢中足足做了一年的軍事準備，228 年春，諸葛亮開始北向發動了對曹魏的討伐。由 227 年進駐漢中，到 234 年病死五丈原，諸葛亮人生歲月的最後八年，專心致志於「北定中原，庶竭駑鈍，攘除奸凶，興復漢室，還於舊都。此臣所以報先帝而忠陛下之職分也」的誓言。

諸葛亮的幾次北伐，就是坊間習慣說的「六出祁山」。嚴格地說，諸葛亮親自率軍、主動出擊的北伐有五次，有一次是諸葛亮被動地出兵，應付曹魏的來犯。至於 230 年那一次，諸葛亮曾派魏延和吳懿率軍西入羌中，在陽溪（今甘肅天水市武山縣南）大破曹軍費曜和郭淮。因為非諸葛亮的親征，史著也不

算進「五出祁山」以內。另「六出祁山」的說法，也不準確。五次北伐中，出兵祁山的，只是第一和第四次。諸葛在五次北伐中，軍事形勢最好的是第一次，一時勢如破竹，降服了天水（今甘肅甘谷縣東）、南安（今甘肅隴西縣東北）及安定（今甘肅涇川縣北、鎮原縣南）。在天水的翼城（今甘肅甘谷縣東），魏將姜維陣前投降了諸葛亮軍。最為人可惜的，是在這場戰役中，先鋒馬謖不遵從諸葛亮的叮囑和副將王平的勸諫，舉措失宜，在街亭（今甘肅秦安隴城鎮）兵敗於魏將張郃。街亭的失去，在戰略形勢上，是失去了進攻的關鍵據點。另外，在箕谷出兵的趙雲和鄧芝軍，因寡不敵眾，也失利撤退。全線失利，諸葛亮只好退兵。

這次戰役雖然失敗，諸葛亮仍駐紮在漢中，繼續部署北伐。自此之後，諸葛亮戰略有所調整，採取的是「攻守兼備」的戰略。228 年秋，諸葛亮率軍出大散關，包圍了陳倉（今陝西寶雞東），攻城 20 多天未能攻下，而且糧草不繼，只好撤退。撤退中設計殺死了追軍魏將王雙。

⚙ 褒斜道 ⚙

褒水和斜水同源於秦嶺山脈的鼇山，亦稱西太白山，高 3456 米。褒水由峽谷南流入漢江，谷口在今陝西漢中市褒河鄉東店村。斜水則北流入渭河，谷口在陝西眉縣齊鎮斜谷關村。自戰國時代，已在河谷中鑿石架木，修築棧道。後來的棧道，是劉邦入蜀時聽從張良計燒掉的。漢武帝時修整恢復，再經東漢永平年間（58—75 年），修好的棧道長約 258 里，建閣橋 623 間，橋樑五座等。重修時還開鑿了著名的「石門」。

· 褒斜棧道

輸糧不繼
無奈撤軍

229 年春，諸葛亮發動了第三次北伐，陳式領兵攻下了武都和陰平兩郡，亮在此安撫好當地氏、羌少數民族，再返回漢中。230 年七月，曹魏發動了大規模的進攻，以司馬懿溯漢水出西城（今陝西安康市），曹真由子午線南下，會師漢中，諸葛亮由勉縣趕到城固迎敵。由於連綿大雨，子午谷和斜谷道路不通，魏軍只好撤兵。

231 年春，諸葛亮第四次北伐，包圍了祁山。諸葛亮留下王平繼續攻打祁山，自己率主力軍，迎戰由駐荊州調為西線督軍的司馬懿。諸葛亮與司馬懿的對戰，是從第四次北伐開始，不是《三國演義》所說，北伐開始就對戰。諸葛亮在上邽（今甘肅天水市）一帶，打敗了郭淮和費曜的魏軍。接着東上迎戰司馬懿軍。司馬懿採取堅守不戰的戰略，以拒急於要求決戰的諸葛亮；諸葛亮只好採用撤退誘敵的戰術。司馬懿又採取尾隨而避戰的戰術，只有一次，迫於魏將們的求戰，而主動出擊，卻為諸葛亮軍所大敗。在這關鍵的時候，於成都調配後勤的李嚴輸糧不繼，而訛稱後主的要求，致書諸葛亮撤兵。諸葛亮無奈只好撤軍回漢中。撤軍途中，司馬懿命魏名將張郃追擊，途中被蜀軍在木門道上的伏軍用弓弩射死。

經過這四年四次的北伐，暴露了蜀漢北伐的一大問題，道路險阻，糧運不繼，各方面消耗很大。諸葛亮總結經驗便在漢中積極練軍、屯田和修水利，「休士養民」。並創新木牛（獨輪車）流馬（四輪車）和弓弩等運輸工具和武器。足足經三年的養精蓄銳，234 年春，諸葛亮率 10 萬大軍，以魏延為先鋒，由褒斜道，出斜谷口，發起了第五次的北伐，而且在關隴屯田，作持久戰。

四月，諸葛亮的軍隊抵達郿縣（今陝西郿縣東北），在渭河南岸的五丈原，屯紮大營。司馬懿的魏軍也在渭水南岸，背水築營對峙。司馬懿仍然採取「堅壁拒守」的戰術，以期拖垮遠征的蜀軍。諸葛亮遂「分兵屯田」，打算長期作戰。一邊極盡挑釁，羞辱司馬懿，以求一戰。這樣僵持了幾個月，到了八月，諸葛亮終於心力交瘁，積勞成疾，病死軍營中，「星落五丈原」，終年只 54 歲。留下了「出師未捷身先死，長使英雄淚滿襟」的千年慨歎。

諸葛亮死後，蜀軍按照他臨終的佈置，有序不亂地全軍撤退。不幸的是，為諸葛亮所倚重的魏延和長史楊儀兩人，卻私心自用，妄顧大局，竟然內訌火

拚起來。魏延為馬岱斬殺。蜀漢後期，戰將凋零，能戰而富於作戰經驗的魏延被殺，如折大柱。雖被諸葛亮看重而稱之為「敏於軍事，既有膽義，深解兵意」的姜維，主持軍政，承諸葛亮遺志，堅持北伐中原，前後共九次。對於蜀漢，已是強弩之末了。

諸葛亮在漢中

諸葛亮入川，主政成都有 12 年，而生命的最後的七、八年，主要是在漢中度過的，死後遺願亦葬於勉縣的定軍山。漢中尤其是勉縣，是諸葛亮北伐的大本營，所以留下他的遺跡也最多。

諸葛亮是沿着金牛道的劍閣路進入漢中的，屯兵於漢中勉縣的陽平、白馬（今勉縣老城古陽平關、定軍山、天蕩山）一帶。作為北伐的大本營，甫紮下軍寨，在馬岱等陪同下，諸葛亮即到距古陽平關大約四公里的馬超墓祭拜（馬超死於 222 年）。六月，在漢中屯田，修棧道，訓練將士在山中作戰。練兵備戰了一年。因為關羽死、荊州失，「夷陵之戰」的慘敗，斷絕了由荊襄、出宛洛的另一路，形勢既變，諸葛亮在漢中策動的北伐，仍盡可能貫徹他《隆中對》中「西和諸戎」與「以向宛洛」的兩項策略。諸葛亮先在西北聯繫羌、氐，取得涼州羌氐，甚至是隴右地區的鮮卑等少數民族地區的呼應。在漢中的東面，爭取已投降了曹魏、據漢江北岸上庸（今湖北竹山東南）的孟達。但是孟達被司馬懿偵知有叛魏的意圖，遭到突襲而敗亡，因而失去恢復由漢水出襄樊攻宛洛一路的北伐戰略。諸葛亮只好全力推進跨越秦嶺的一路北伐了，以弱對強，以攻對守，軍事上是艱難的。

自建興六年（228 年）至建興十二年（234 年）的七、八年間，蜀漢與曹魏之間發生的大小戰役有六、七次。諸葛亮以漢中為大本營，先後主動出擊曹魏的北伐，有五次，都由諸葛亮親自率軍和指揮。受《三國演義》故事的影響，一般稱為「六出祁山」。其中將建興八年（230 年）秋，曹魏舉大軍伐蜀，諸葛亮率軍於勉縣以西的城固（今陝西城固）和赤阪（今陝西漢中洋縣龍亭山）佈防抵禦的一次計算進去，則有「六出祁山」的説法。諸葛亮主持的五次北伐，其中第一及第四次都是由漢中向西北上西涼之路，再指向祁山的。

戰役次序	年份（公元）	事件	主戰方	迎戰方	結果
1	253 年	姜維率領數萬蜀軍出石營，圍狄道。	姜維	陳泰	陳泰勝
2	254 年	魏狄道長李簡秘密請降蜀漢。六月，姜維從隴西攻入狄道，進拔河關及臨洮。姜維與魏將徐質對壘，徐質殺蜀將張嶷，蜀兵退。	姜維	李簡 徐質	徐質勝
3	255 年	八月，姜維率領蜀兵數萬人由枹罕趨狄道。魏雍州刺史王經被姜維大敗於洮西，姜維圍狄道。魏將鄧艾與陳泰聯手營救，陳泰進軍經高城嶺至狄道，雙方交戰。九月，陳泰還屯上邽；姜維退駐鐘題。	姜維	王經 陳泰	姜維勝 陳泰勝
4	256 年	七月，姜維率兵出祁山從董亭取南安。鄧艾佔據武城山抗拒，姜維不克。夜渡渭水東行擬取上邽。鄧艾大破姜維於段谷，蜀軍死傷者眾。蜀人怨恨。姜維自貶黜。	姜維	鄧艾	鄧艾勝
5	257 年	姜維聞魏關中兵前往赴淮南，欲乘虛向秦川。率數萬人出駱谷，至沈嶺。司馬望及鄧艾堅守長城，與姜維對壘於芒水。	姜維	鄧艾	鄧艾勝
6	262 年	十月，姜維攻入洮陽。鄧艾與姜維戰於侯和，姜維退往沓中，不敢歸成都。	姜維	鄧艾	鄧艾勝

諸葛亮五出祁山

第一次北伐：228年春

第一次北伐：建興六年（228年）春。諸葛亮揚言由斜谷（今陝西郿縣西南，舊褒城）出兵，攻打郿城（今陝西郿縣北）。由趙雲和鄧芝領軍一萬人，經箕谷（箕谷在太白嶺之西坡）出斜谷道（今陝西眉縣西南），出擊長安。這其實是諸葛亮「聲東擊西」的疑兵戰術，旨在以趙雲一路偏軍，牽制曹真在郿縣的10萬大軍。

| 第一次北伐路線圖 |

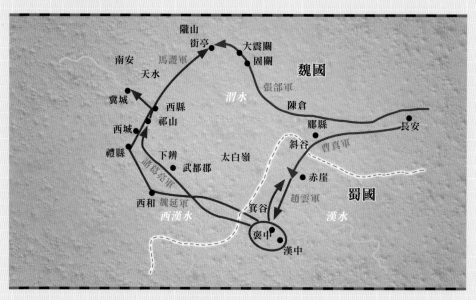

—— 曹軍　—— 蜀軍　----- 魏蜀邊界

諸葛亮此次北伐的戰略重心是在祁山（今甘肅禮縣東）。祁山道是由陽平關經沮縣（今陝西略陽東），一直向西北而到達祁山（今甘肅禮縣東）。祁山道從西側繞過秦嶺，不用跨過秦嶺主脈，但路線迂迴，所以由諸葛亮親率主力部隊六萬大軍，西出祁山地區西和及禮縣。諸葛亮先以魏延先鋒，集兵於祁山之南的武都郡，然後出擊安定（今甘肅臨涇一帶）。[註1] 兵鋒所及，天水（今甘肅甘谷縣東）、南安（今甘肅隴西縣東北）、安定（今甘肅涇川縣北、鎮原縣南）等郡叛魏響應蜀軍。蜀軍在祁山堡（今甘肅隴南市禮縣城祁山鄉）紮營安寨。祁山堡是第一次北伐的前線司令部所在。

曹魏派大將張郃，率五萬兵開赴前線。另在洛陽組織了 30 萬後續部隊。張郃軍由長安出發，到固關（今陝西隴縣），經大震關（今甘肅清水縣東隴山東坡）過隴山、張川縣的隴山鎮、秦安縣隴城鎮等地，來到了天水東北。張郃所走的正是著名「絲綢之路」南路的東段。蜀馬謖率先鋒部隊與張郃軍在「關隴大道」上的軍事重地街亭對峙，馬謖不遵從諸葛亮事前既定的部署，也不聽副將王平的勸阻，而將大軍駐紮於街亭南山的高坡上。張郃紮軍於山隘的平地，包圍南山。蜀軍在山上曝曬缺水，兵士困乏不堪。在張郃軍猛攻之下，蜀軍潰敗，只有王平所領兵突出重圍。街亭失守。

街亭之戰時，諸葛亮坐鎮西城（今甘肅天水西縣），在冀城（今甘肅甘谷）收降了姜維。馬謖率領的先鋒部隊已失街亭。街亭是蜀軍進軍關中的前沿攻防要塞，失掉街亭，對蜀軍的軍事形勢大大不利。諸葛亮只好撤退，在天水重新部署組織力量，打敗追擊張郃，並遷西縣民眾千餘戶返漢中；但南安、天水、安定三郡隨之失去。

趙雲出褒斜道軍（鄠縣至褒城的一線），據箕谷（今陝西寶雞縣南）。曹叡親自坐鎮長安。魏曹真迎戰，趙雲等以兵寡而敗於箕谷，仍能保住糧草，全軍而退。

第一次北伐有魏三郡的響應，關羽北攻襄樊，也有魏郡的響應，可見蜀漢對曹魏的征伐，對魏地有相當的號召力。諸葛亮在《隆中對》中，分析形勢的最後一句，謂「百姓孰敢不簞食壺漿，以迎將軍者乎」，表現了作為政

（註1）　　有研究者指出，第一次北伐，魏延所率軍隊才是先鋒部隊平定南安、天水和安定三郡，並不是由馬謖擔當大軍的先鋒。

治家的諸葛亮不僅在軍事上，也在政治上作過考慮。

　　魏延曾建議領兵五千出東北子午，直趨長安。論者大有以此譏諸葛亮用兵保守之短。但從諸葛亮第一次北伐，曹軍迅速動員幾十萬大軍，分幾路部署應戰的能力來看，魏延的五千奇兵的突襲，是無勝算的。以寡敵眾，自然要以盡量保存實力為上策，不能拋之一注。看後來的幾次北伐，雖不能勝，卻大都全身而退。從而可理解諸葛亮「要保全實力」的北伐基本戰略思想。蜀漢屬小國寡民外，到了北伐的時候，除了老將趙雲外，已無一線大將；而對手的曹魏，一線大將雲集。這是通曉軍事的諸葛亮，不能不考慮的因素。

　　檢討諸葛亮的五次北伐，以第一次形勢最好。即使無街亭之敗，蜀軍也不可能畢於一役，直搗洛陽。諸葛亮自第一次北伐，即取祁山一路。反映他的戰略是由隴入關，非單純從軍事作考慮，而是出於結合政治的考慮，軍事上採取逐步蠶食的戰略；政治上爭取人心，等待機會，這是一種國力和軍事力量強弱懸殊的萬全戰略。

· 諸葛亮觀陣圖

· 觀陣堡

諸葛亮曾在觀陣堡觀察軍事形勢。

· 觀陣堡看祈山堡

觀陣堡方向

祁山堡台基

祁山武侯祠

西漢水

· 遠眺祁山堡

祁山堡是祁山山脈突起於漢陽川的一座土塬。四面陡峭如削，惟西面有進口，沿曲折小徑可攀援到山頂。堡東九公里為鹵城，堡西南為川口村，是出入巴蜀的隘口。山頂是 2000 平方米的開闊地，西南角有洞穴通西漢水河畔。

禮縣方向（西）

・祁山堡

・祁山堡林木

· 祁山堡上的武侯祠

· 街亭古戰場全景

街亭原名街泉亭，地名最早見於《三國志》。街亭位於隴山西口略陽川中游，東距隴山大道隴阪（今耿鹿鎮）60公里，西距今秦安縣50公里，南距天水63公里，北距水洛（今莊浪縣城）30公里。東西是一條長100多里的狹長通道，有「秦隴咽喉」之稱，又有「五路總口」之名，可見其位置的重要。所以街亭是西出隴山的第一重鎮，兵家必爭之地。歷代關隴地區有戰事，雙方必爭街亭；從中原的角度而言，街亭得失，關乎關中的安危。

西溝

· 街亭的水源位置

東側山溝

街亭南山

防禦緩坡

街亭鎮

街亭水源

關隴大道

街亭南山

東側山溝

・東望街亭古戰場

西側山溝

街亭鎮

・街亭南山

馬謖駐軍所在山坡，中間方格是街亭紀念亭。關隴大道上的街亭決戰，主戰場在今秦安縣的隴城鎮（古略陽）至張川縣的龍山鎮（原斷頭鎮）之間，即今張川縣的連河川一帶。其地多為平川，惟東南部有一山突起，東西橫截，不與眾山連屬，名曰斷山（今名龍山）成為街亭防守的前沿陣地。

第二次北伐：
228 年冬

228 年春，趙雲逝世，同年秋，曹休在石亭（今安徽潛山縣東北）敗於陸遜。是年冬，諸葛亮出兵大散關（今陝西寶雞南大散關村），讓魏延率領二、三萬兵，攻打陳倉（今陝西寶雞市東北）。陳倉是秦嶺唯一扼守渭河東流入關中的要點，但魏主帥曹真已有準備，以郝昭守陳倉。郝昭守城 20 天，蜀軍不能克，因為缺糧，亮遂退兵。退兵時，魏援軍已到，亮軍斬殺追擊的魏將王雙，然後退回漢中。楚漢相爭時，劉邦和韓信，自漢中之「暗渡陳倉」，出攻關中，曹操征伐張魯都經此道。

| 第二次北伐路線圖 |

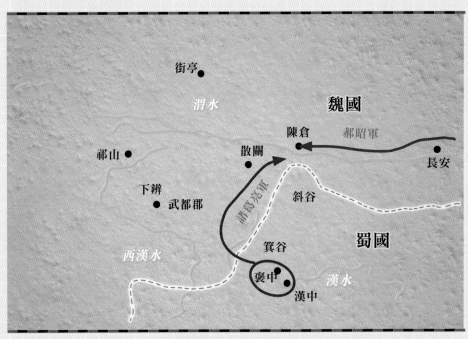

—— 曹軍　　—— 蜀軍　　---- 魏蜀邊界

·北塬之上的陳倉村

秦漢陳倉城的遺跡，現在的陳倉村。

·寶雞郝昭城遺址殘存

雖過去近二千年歲月，細看城池模樣依然可見。

·陳倉法門寺

·寶雞北塬的陳倉城遺址

渭河

第三次北伐：
229年春

229年春，諸葛亮以出征漢中和夷陵的宿將陳式，率兵兩萬，出陽平關，經沮縣，向西北攻武都（今甘肅成縣的西北），再轉西南攻陰平（今甘肅文縣西北）。魏將雍州刺史郭淮出擊陳式，亮親自率軍至建威（今甘肅西和縣北），阻擊郭淮，逼迫郭淮退守街亭。蜀奪取了武都和陰平二郡。亮安撫此地的氐、羌少數民族，然後回軍勉縣。諸葛亮第三次北伐經過陰平、武都和建威，屬甘肅南部一帶，大獲全勝。蜀遂擁有今日甘肅的徽縣、成縣、康縣、西和、兩當、宕昌、武都、文縣、舟曲及陝西的鳳縣、略陽等廣大的地區。諸葛亮恢復丞相位。

| 第三次北伐路線圖 |

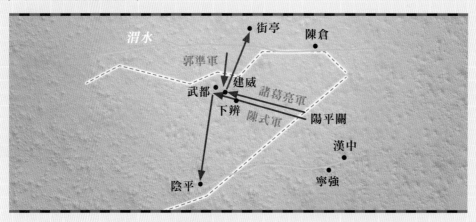

—— 曹軍　　—— 蜀軍　　---- 魏蜀邊界

　　建威就在從沮縣經武都往祁山的途中，後來張翼遷督建威，姜維在此建立像石門和武衛一樣的圍守。陰平，為益州廣漢郡的屬國，武都則屬涼州。自劉備佔漢中，十多年雖然蜀軍屢經武都，但並未將羌氐族居住的武都和陰平正式收入版圖。蜀漢北出隴右的要道，在武都境內。陰平地近梓潼，距蜀漢核心地帶不遠，因此取得武都和陰平，對蜀漢攻擊與防守都重要。武都平定，確保了出師祁山之路。武都另有路通往石營（今甘肅西和西北）。姜維於253年第四次北伐，就是出石營到北面的董亭（今甘肅武山南）圍攻南安縣（今甘肅隴西東），陳泰援軍董亭北方的洛門（今甘肅武山東）。

從梓潼經陰平出建威向東北直到段谷（今甘肅天水西南）的衙嶺（今五里坡），是一道南北延伸的山梁。山梁東側垂直下沉，由坡底上到山頂，僅有五里路，所以有五里坡之稱。這裏是關中和漢中的自然分界線，也是三國魏蜀的邊境線，由於身處秦嶺主峰太白山下，也成為長江和黃河的分水嶺。相傳這處就是「死諸葛嚇走活仲達（司馬懿）」的地方。川道是司馬懿倉惶逃跑而有「桃川（逃川）」之名。楊儀率軍撤退，司馬懿領軍追趕。姜維令楊儀反旗並鳴鼓，狀若向司馬懿軍進攻，司馬懿軍乃後退，不敢迫近。於是楊儀結陣而退去。進入峽谷之後，才為諸葛亮發喪。

　　武都是蜀漢出西北征伐關隴的重要軍事要地。原稱仇池山，是中世紀一個極有名的地方。位於甘肅南部嘉陵江上游，這是一片山區，本屬氐族人故地。漢武帝元鼎六年（前111年）開置為武都郡，漢末曹魏初時，氐人楊騰子楊駒為部落大帥，徙居割據仇池。直到北魏孝文帝才完全為中央政府控制，前後割據凡200年。這個割據王國，城廓古室倉庫於山偏東之洛谷，臨洛谷水，是東漢末的典型堡塢。

　　仇池山，共土地百頃，四方壁立，峭絕險固，東西有二門的盤道長達七里。山在滄洛水之間，去漢水不遠，山頂略呈方形有池，山下周圍數十里，河水沖擊形成下石上土，山上有小平原，面積百頃，土地肥沃。楊氏招徠四方避難之民，土牆板屋以至數萬家。

　　今甘肅南部西漢水上游的山區地帶，秦漢時代為氐人聚居之域。仇池山在武都郡的西境。「魏晉南北朝時代，強者固結鄉黨自建塢堡，而弱者不乏逃避深山，度其遺世獨立的生活。」所以仇池山初以極大型的塢堡據割而著稱，後則為避隱勝地而名世。隴西、天水西南至西蜀，常有地震，仇池山大澤可能被地震破壞。（參考嚴耕望《嚴耕望史學論文集（上）》）

·衙嶺

魏國反攻蜀國：230年春

230年四月，孫權在武昌稱帝。曹休死，魏明帝起用曹真為大司馬。七月，曹真和司馬懿領兵，分三路直逼漢中。東軍司馬懿由西城（今陝西安康市西北）溯漢水而上；張郃由子午谷（今陝西西安南的子午鎮）南下；曹真率20萬大軍，由斜谷進攻漢中。諸葛亮率軍由沔陽的漢城出發，屯兵於城固（今陝西城固縣）和赤阪（今陝西洋縣東龍亭山）以待敵；李嚴又領三萬兵增援，以守為主。

| 魏國反攻蜀國路線圖 |

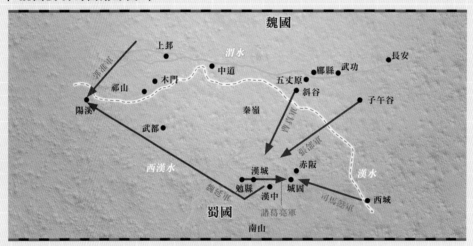

—— 曹軍　　—— 蜀軍　　---- 魏蜀邊界

　　八月遇上30天連綿大雨天氣，棧道被沖壞。張郃在斜谷因大雨，與曹真失去聯繫，欲返郿縣；司馬懿也因漢水大水留在豫州。魏軍只好撤退。同年，亮派魏延、吳懿西入羌中（今甘肅臨夏自治州），魏羌中大將費曜、雍州刺史郭淮拒魏延於陽溪（今甘肅武山縣南）。為魏延擊敗，退守祁山。魏延遂以功晉升為前軍師征西大將軍，吳懿為左將軍。這次蜀魏幾個戰役，在蜀一方是防守，非出征，亦非由諸葛亮統率的北征而未算在「五出祁山」之內。

第四次北伐：
231年春

231年春，諸葛亮率楊儀、姜維、魏延、高翔、吳班和王平等，統領10萬大軍北伐祁山，在武都和陰平集結。總結上幾次糧草供應不繼的經驗，諸葛亮發明和建造了木牛流馬運糧。諸葛亮首先打敗救援祁山的郭淮和費曜，魏軍幾全軍覆沒。諸葛亮留王平守衛祁山，自己繼續向東進軍。蜀軍搶割上邽一帶小麥，借機芟割鹵城一帶的麥田。

　　魏明帝再調駐守荊州的司馬懿督軍西線，領10萬大兵團西出，接任在涼州病危的曹真，隨軍的有大將張郃。諸葛亮率軍迎戰司馬懿。先打敗鎮守上邽（今甘肅天水市秦城區）的曹軍，再東上迎戰趕到上邽的司馬懿軍，並匯合了魏延和姜維軍，準備與司馬懿決戰。懿堅守不戰，亮駐兵在渭河畔。不久，亮故意撤退，先撤到西城、祁山一線，又相持了一段時間才南退；西

| 第四次北伐路線圖 |

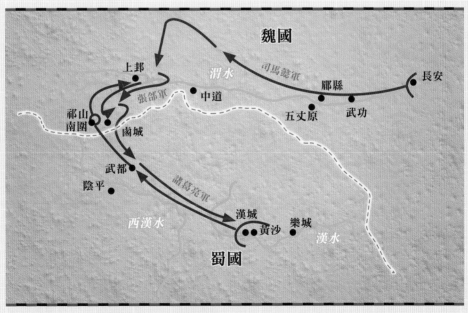

—— 曹軍　　—— 蜀軍　　---- 魏蜀邊界

撤漢陽，與魏軍曾交戰。諸葛亮再率軍南走到鹵城（今甘肅天水西南）。魏軍追兵至鹵城，繼續採取避戰策略，與蜀軍相持。魏將兵為亮挑釁折辱，諸將請戰，懿仍然堅守。延至五月始令出擊，在鹵城由魏延、高翔和吳班迎戰出擊的魏軍，魏軍一戰潰敗。司馬懿和張郃退守屯營，亮正欲推進，李嚴因雨天延誤了糧草，謊傳劉禪要退兵，亮只好退兵。蜀軍撤退，司馬懿率張郃窮追。追至木門，木門道是上邽到祁山必經之路，司馬懿不聽張郃之言，督促張郃率軍追趕。蜀軍在木門道最狹窄處，據高佈伏。待張郃率軍衝過，弓弩齊發，飛矢射中張郃右膝，張郃傷重殞命於亂軍之中。蜀將魏延、高翔和吳班在中道（今赤峪溝往天水鎮一道），司馬懿親自率軍迎戰，被蜀軍大敗。司馬懿只好退回上邽。蜀軍也退回陰平。

· 木門道武侯祠全景

· 木門道北望

木門谷的東側是王家梁山，西側是旋帽梁山，中間是向南匯入西漢水的稠泥河。東漢名將段潁為防止羌氏進犯，用巨大的木頭修築了長達 10 餘公里的柵欄，因此這裏被稱為木門谷。

王家梁山

稠泥河

旋帽梁山

· 木門道最狹處

木門道最狹處，蜀軍在此以弓弩伏殺張郃，當時兩山坡未開發成
田地，容易藏伏兵。

王家梁山

稠泥河

射殺張郃處

木門谷武侯祠

旋帽梁山

第五次北伐：
234 年春

建興十二年（234 年）春，諸葛亮先約吳攻魏。五月孫權率 10
萬大軍攻魏合肥新城，明帝親率大軍迎敵，七月吳失利敗退。
初夏四月，諸葛亮親率 10 萬大軍由褒斜道出斜谷。以魏延為先
鋒，由斜谷到渭水岸的郿縣（今陝西郿縣及岐山部分），距武功
西 10 里，屯渭水之南。自率主力在五丈原（今陝西寶雞市岐山
縣南）布營塞作前線司令部。

| 第五次北伐路線圖 |

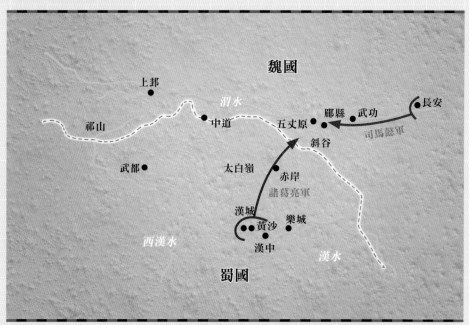

魏以司馬懿為總統帥，連同長安抽調的兵力，達 30 萬兵。司馬懿大軍渡過渭河，背水為壘，與蜀軍對峙，堅守不出戰。諸葛亮便在太白山丘陵屯田，食糧自足，也準備長期作戰。並不斷尋找機會挑釁司馬懿。魏明帝派辛毗為監軍，禁出戰。到八月，雙方已相持百餘日。諸葛亮卻在八月二十三日一病不起，星落五丈原，終年 54 歲。司馬懿帶兵追趕蜀軍的撤軍，蜀軍按諸葛亮生前的作戰部署，有條不紊地撤退。司馬懿猶疑不決地尾隨追趕，到褒斜道中間的赤岸，沒能追上。諸葛亮在漢中八年部署，五次北伐，終「鞠躬盡瘁」，「出師未捷身先死」！

・諸葛亮廟

・諸葛亮衣冠冢

· 五丈原諸葛亮廟
　落星石的石碑

· 落星石

諸葛亮在漢中

諸葛亮在建安十九年（214 年）入川，到建興十二年（234 年）卒於五丈原，在蜀地 20 年。生命最後的八年是在漢中度過的。漢中不單是諸葛亮葬身之地也是其北伐的基地，留下的歷史遺跡不少。後人不僅可發思古之幽情，且在有限但難得保存下來的遺址，仍可體驗諸葛亮在漢中的各種施政。

秦嶺山脈

漢中盆地

· 天蕩山望漢中盆地

勉縣城區

漢水

定軍山

巴山山脈

山後是陽平關

樂城和
漢城

蜀漢佔領漢中後，一直採用在外圍據點以險抗敵，不讓敵人入漢中盆地的防禦策略。建興七年（229年），諸葛亮派遣陳式成功攻佔了陰平、武都兩郡，擴大了漢中西、北面的防禦區域。在敵強我弱、人力不足的情況下，蜀漢只能利用蜀地險峻的地理彌補自身實力的不足。所以在陽平關、赤崖、黃金、興勢及赤阪等外圍據點做好充分防禦措施和準備。倘若丟失這些外圍據點，敵軍則可驅軍通過沔水，而直達入益州的北邊門戶——陽平關。因沔水南岸無阻擊的地勢，於是諸葛亮新建樂城（今陝西城固）及漢城（今陝西勉縣）兩城作為後備據點，以應付失去外圍據點時而形成的軍事壓迫。

在西面陽平關的側沔水南岸新建的漢城，可以阻擊經陳倉道、褒斜道入侵的敵人。在東面，在城固斜對面沔水南岸上新建樂城，可抵抗從子午谷、儻駱道或西城方向入侵的敵軍。

建興八年（230年），曹真接替曹休升遷為魏國的大司馬。率軍兵分兩路征討蜀漢：曹真、張郃等從子午谷入蜀；司馬懿從西城逆沔水而上。諸葛亮立即加強城固（今陝西城固）、赤阪（今陝西洋縣東）等軍事要地防守，還讓李嚴由巴郡率領三萬人入漢中支援。因為雨季，大雨連下30天，曹軍用一個月才行進一半路程，曹叡採納朝中大臣們意見，下令撤退，曹真無功而返。樂城和漢城建築僅一年，就遇上了諸葛亮所預計的曹魏攻擊，幸好諸葛亮早作防衞部署。

· 毗鄰漢城一帶

・毗鄰漢城一帶
三國時漢城如今已無踪跡，只留下當地人口傳的故事。

赤崖與褒斜道

赤崖是褒斜道上的一段棧道，關於赤崖，諸葛亮竟留下了第一手的資料，難能可貴。諸葛亮有兩封信寫給他在東吳的大哥諸葛瑾。一封信說，「前趙子龍退軍，燒壞赤崖以北閣道。緣谷百餘里，其閣樑一頭入山腹，其一頭立柱於水中。今水大而急，不得安柱，此其窮極，不可強也」。（《與兄瑾言趙雲燒赤崖閣道書》）又在另一封信說，「頃大水暴出，赤崖以南橋閣悉壞。時趙子龍與鄧伯苗，一戍赤崖屯田，一戍赤崖口，但得緣崖與伯苗相聞而已。」（《與兄瑾言大水赤崖橋閣悉壞書》）

合兩封信，趙雲在第一次北伐敗退，曾燒掉赤崖以北百里棧道，以斷魏軍南下。其次蜀以赤崖一帶戍軍捍衛漢中，並在赤崖附近屯田。《（趙）雲別傳》說趙雲敗退，尚帶回軍資餘絹。諸葛亮欲分賜將士。趙雲卻認為，軍事既不利，何能有賞賜？並請諸葛亮將物資全部收納入赤崖府庫。如此看來，赤崖屯田戍衛並設有庫府，是在第一次北伐前。赤崖是防衛漢中的基地，且動用了趙雲和鄧芝兩名大員，亦反映了諸葛亮對赤崖的重視。

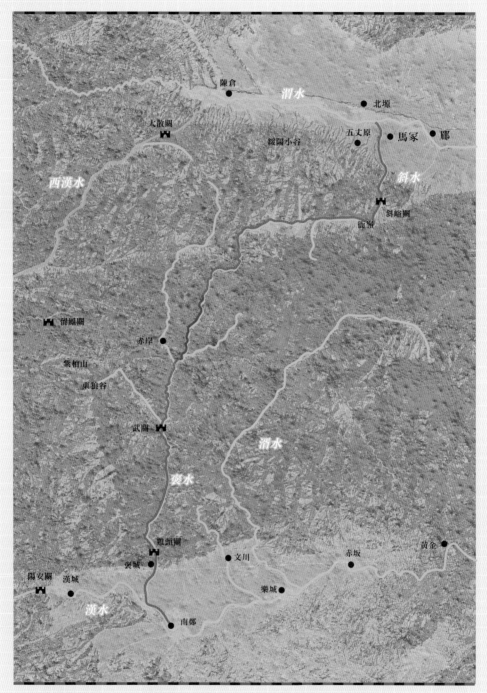

—— 漢魏褒斜道　　—— 陳倉道（故道）　　—— 趙雲燒毀的一段褒斜道

· 赤崖

赤崖,又稱赤岸,是褒斜道自江口到王家塄的一段,棧道基本是沿着紅岩河沿邊開闢的。諸葛亮派趙雲和鄧芝在此地屯田和戍守,趙雲燒毀的一段棧道的位置,起點在太白縣王家塄鎮,終點是留壩縣江口鎮這一段,以今日公路路程計算,約25公里。江口鎮有較寬闊地,看似是可用作屯田的地方。褒斜道途中有西漢名相蕭何「月夜追韓信」的地方,還有張良隱居的張良廟。在楚漢之爭時期,赤崖這一帶相信也是劉邦重要的戰略重地。

· 褒斜棧道上的棧閣

・山河堰漢惠渠

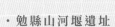

・勉縣山河堰遺址

「自古漢中多渠堰」的說法，其中最具代表性的當屬世界灌溉工程遺產「漢中三堰」：山河堰、五門堰和楊填堰。諸葛亮移駐漢中休養生息準備北伐，設專門管理灌溉設施的官員。以後各代「踵跡增築」，是孔明耕戰屯田的地方。

・秦嶺山下的漢中農田

・木牛流馬的各種複製

按記載意想而設計的各種木牛流馬模型。

· 諸葛亮製木牛流馬處

勉縣黃沙鎮黃沙街東頭是諸葛亮製木牛流馬處。南靠漢江，東依黃沙河的三角地帶。諸葛亮於231 年春二月，在此做木牛流馬。232 年諸葛亮也於此處休士勸農，教兵演武。目前一碑一亭在此，坐南向北，當地村民時有敬香於碑前。

·定軍山下武侯墓山門

· 古金牛道旁武侯祠的
　牌樓

· 武侯墓墳亭

漢中定軍山上的武侯墓是諸
葛亮長眠之處。公元 234 年，
諸葛亮病逝於五丈原，蜀漢
朝廷按諸葛亮遺命，歸葬於
定軍山下。諸葛亮死後，追
諡為「忠武侯」，所以千百
年來，人們稱其墓為武侯墓。
鍾會入蜀，攻佔漢中，經陽
平關，特遣人祭諸葛亮之墓。

· 定軍山諸葛亮讀書處

諸葛亮讀書的獨特之處是觀其大略，即是讀通書的要旨。這與其友人石廣元、徐元直、孟公威等人務於精熟的讀書方法截然不同。(《三國志・蜀書・諸葛亮傳》) 陸游《讀書》詩說諸葛亮「讀書本意在元元（黎民百姓）」，意思諸葛亮讀書是在於經世濟民。

第（五）章

魏晉故事

篡弒相尋

ω 景初三年（239 年），才 35 歲的明帝
曹叡病重。病中，反覆受近臣劉放和孫資
的唆擺，遺詔託付平庸的曹爽為大將軍，
假節鉞，都督中外諸軍事，錄尚書事，並
與老謀深算的太尉司馬懿，共同輔助繼位
的養子曹芳。

司馬懿
暗中部署

輔政之初，「宣王（司馬懿）以爽，魏之肺腑，每推先之，爽以宣王名重，亦引身卑下，當時稱焉」。指輔政之初，曹爽和司馬懿之間，尚能相讓相重。（《三國志·魏書九·曹爽傳》）不久，嫌隙日生。曹爽擢用何晏、鄧颺、丁謐、李勝、畢軌等一批名士，置為心腹。這批人則謀劃讓曹爽獨攬大權，而擠迫司馬懿。

經多方設計，這批人逐漸取替朝中大臣的權力。被架空為太傅的司馬懿，忍隱不發，以退為進，但卻緊握兵權。司馬懿也不顧年事已高，於 241 年和 243 年，二次親自南征孫吳的進犯，在軍隊和朝野間，樹立了威信。相反，在 244 年，鄧颺等人的鼓動下，「欲令（曹）爽立威名於天下」，粗率地發動大軍 10 萬入漢中，西出征蜀。結果，遭蜀將王平截擊，不得而進。而關中氐、羌等地區的運輸供應不上，以致「牛馬騾驢多死，民夷號泣道路」，只好退兵，而退兵的過程，又失亡甚眾。曹魏朝內的內爭，不因曹爽征蜀的失利，與司馬懿之阻止孫吳的進攻的外患而稍揖。曹爽集團繼續加大對司馬家勢力的打擊。司馬懿是一個老謀深算、政治閱歷豐富的老臣。在形勢不利的情況下，忍隱不發，韜光養晦，其實與兒子司馬師暗中做好防範和反擊的部署。終於在 249 年正月初三，乘曹爽兄弟與少帝曹芳出京城，拜祭明帝曹叡的陵寢高平陵的機會，司馬懿和司馬師父子，突然發動一場過程驚心動魄的政變，毫不留情，趕盡殺絕，徹底消滅了曹爽集團的勢力。自此，曹魏朝政的大權，盡歸司馬一族。

曹爽集團
驕奢縱慾

司馬家擅政之初，忠於曹氏或不忿司馬氏把持朝柄的各種勢力，紛紛起事，令政局不穩。251 年，已年屆 73 歲的司馬懿親率大軍，南伐早有預謀要作反的征東大將軍、都督揚州諸軍事的王凌。結果，王凌自殺，而被牽涉其中的曹丕異母弟在淮南的楚王彪（即曹植名著《贈白馬王彪》的曹彪）亦自殺而死。司馬懿家的權勢，更牢固了。

曹爽與司馬懿的政治鬥爭，除了緣於曹爽集團對司馬懿的排斥和打擊外；曹爽集團中人，多「少不更事」之輩，弄權擅政，胡亂妄為，驕奢縱慾的行徑，惹起朝野的不滿，使人心傾向司馬氏。如再深究下去，也反映了曹魏以來暗潛於朝野，主張傳統儒術的「名門」與倡導玄理新說的「濁流」的思想鬥爭。[註1]

251 年八月，司馬懿病死。大兒子司馬師以為大將軍輔政，加侍中、持節都督中外軍事，錄尚書事。掌握了朝中的軍政大權。司馬師主政期間，雖然政治鬥爭激烈，政局不穩，但政局仍然在司馬師掌控之內。254 年，中書令李豐與張皇后父親光祿大夫張緝等密謀誅殺司馬師。事泄，司馬師廢掉曹芳和張后，立 13 歲高貴鄉公曹髦（曹叡弟弟曹霖之子）為帝。

255 年，鎮東將軍毌丘儉和揚州刺史文欽在壽春出兵，討伐司馬師，渡淮河進駐項（今河南項城東北）。司馬師親率 10 萬大軍，並以王基、諸葛誕及鄧艾等分兵反擊。最後毌丘儉被殺，文欽逃降東吳。司馬師得勝回師，卻在許昌病死，時年 48 歲。弟弟司馬昭拜為大將軍，錄尚書事，大都督，假黃鉞，續掌曹魏軍政大權。

◉ 大將軍、錄尚書事、大都督、假黃鉞 ◉

從東漢末年的漢朝廷，到曹魏以至劉蜀，凡掌執最高權位都有以上所示的封號。總而言之，是總攬了內外軍政大權。具體名號的職分，簡列如下：

· 大將軍：漢代沿戰國時的設置，是統軍最高的職位。三國時，大臣秉政，多加以大將軍之號，是三軍最高統帥的軍職。

· 錄尚書事：漢武帝以後，中央行政均歸尚書處理。東漢章帝時始設錄尚書事，和帝之後為常制，位在三公之上。錄是總領的意思，即獨攬政治大權，無所不總。

· 大都督：三國魏、吳在戰時臨時設置，冠以名號，初作為加官，統領兵事。魏末成為常設官職，在都督中外諸軍事之上，地位極高。

· 假黃鉞：鉞（音悅）以黃金飾斧，色黃，所以稱為黃鉞。本意是指天子鑾駕儀仗，亦用此以表征伐。假者，意指攝取、代理。假黃鉞是魏晉南北朝時期皇帝對於一個大臣的信任，充分授權可以誅殺大將的特權。

（註1）　何茲全《三國史》

魏帝曹髦
以死殉憤

甘露二年（257 年），因王凌、毌丘儉相繼叛反而被誅殺，征東大將軍諸葛誕「懼不自安」，便「結眾心」，「養死士」以自防。司馬昭的心腹賈充曾試探諸葛誕對司馬氏代魏的意向，誕表態說，「若洛中有難，吾當死之」，坦言反對。司馬昭因此升調諸葛誕回京任司空之職，意圖在迫逼諸葛誕作反，藉此討伐。誕遂舉兵反叛，並聯結東吳抗守於揚州。司馬昭親率 26 萬大軍南征。經幾個月對抗，諸葛誕兵敗被斬殺。司馬昭鎮壓了諸葛誕之後，篡魏之心已「路人皆知」。甘露五年（260 年），司馬昭再晉為相國，封晉公，加九錫。受盡委屈怨恨的魏帝曹髦，竟親率宮內幾百左右侍從，出宮擊昭，以卵擊石，以死殉憤。此種舉動史上罕見，也算壯烈，曹髦死時才 20 歲。有學者稱之為「用生命換取尊嚴」（鯤西《高貴鄉公之死》），司馬昭又立燕王曹宇之子、14 歲的陳留王曹奐為帝。咸熙二年（265 年）司馬昭死，子司馬炎嗣為相國和晉王。

由 249 年司馬懿殺曹爽，再經司馬師、司馬昭的一連串的整肅、威迫和陰謀詭計，政敵誅殺殆盡。終在同年十二月，司馬昭之子司馬炎逼魏王禪位，情況一如「漢魏故事」，假託禪位美名，實則是篡奪，魏遂亡。對於曹魏之篡奪漢室，司馬晉之篡奪曹魏，近代史學大師錢穆有一段不易的論述。說：「曹家政權的前半期，挾天子以令諸侯，借着漢相名位剷除異己，依然仗的是東漢中央政府之威靈。下半期的篡竊，卻沒有一個坦白響亮的理由。……攘奪政權的後面，沒有一個可憑的理論。」

至於司馬氏：「暗下勾結着當時幾個貴族門第再來篡竊曹氏的天下，更沒有一個光明的理由可說。……司馬父子之權譎狠詐。……佐命功臣如賈充、王沈之流，皆代表門第，而私人道德極壞無比。……他們全只是陰謀篡竊，陰謀不足以鎮壓反動，必然繼之以慘毒的淫威。」

最後說，曹操之對漢獻帝與伏后，則後來司馬師、昭兄弟之對曹芳與曹髦，「終不得人心之歸嚮」。錢穆對曹氏和司馬氏篡奪而得政權，不全在出於陰謀詭計，而着重指出魏晉取政權立國的不光明，所以開不出大格局。而統治期間，陰謀叛亂不斷，未始不是其後陷中國於四百多年分裂的一大原因。連五胡亂華時的石勒，也說「大丈夫行事，當磊磊落落，如日月皎然，終不能如曹孟德、司馬仲達父子，欺他孤兒寡婦之手狐媚以取天下也」。

蔣琬、費禕主政
沿襲諸葛亮

235 年，劉蜀自諸葛亮逝世後，後主劉禪按亮的遺言，起用蔣琬為輔政大臣，先任尚書令，領益州刺史，後遷大將軍，錄尚書事，封安陽亭侯。後再開府治事，加拜大司馬。246 年蔣琬逝世，前後主政 12 年。蔣琬死，由費禕輔政。拜大將軍、錄尚書事，領益州刺史。費禕在諸葛亮《前出師表》中被讚為「良實，志慮忠純」，也是亮臨終前推薦可繼蔣琬輔政的人選。費禕在蔣琬輔政其間，一直是蔣琬的副手。246 年輔政，252 年開府治事，次年不幸被刺殺而死，前後執政七年。

蔣琬和費禕兩人近 20 年的主政，基本是遵循諸葛亮的施政方針。除考慮到諸葛亮個人的聲望和才智，兩人也因應局勢的變化而有所調整而已。他們深受諸葛亮行事的影響和人格的薰陶，都能盡忠職守，全心奉公。正如陳壽評論兩人主政的得失，説「咸承諸葛之成規，因循而不革，是以邊境無虞，邦家如一」。對陳壽的評論，裴松之補充説，「蔣、費為相，克遵畫一，未嘗徇功妄動，有所虧喪，外卻駱谷之師，內保寧緝之實，治小之宜，居靜之理，何以過於此哉！」都強調蔣、費二人的主蜀政，蕭規曹隨，以求不失。相對於魏、吳內部的動蕩，蔣、費主政下的蜀漢，政情輯睦，社會穩定。

我們再看諸葛亮後的蜀漢的對外情況。在《隆中對》諸葛亮的策略，是「若跨有荊、益，保其巖阻，西和諸戎，南撫夷越，外結好孫權，內修政理，天下有變，則命一上將將荊州之軍以向宛洛，將軍身率益州之眾出於秦川，……誠如是，則霸業可成，漢室可興矣」。這是蜀漢存在的最終目標，且是立國的使命。諸葛亮的北伐，尤其在第一次出師祁山，魏延曾建議奇兵徑出子午道，直指長安。這種奇兵的建議，不為諸葛亮所接納。古今論者，多據此以證明陳壽所説諸葛亮「應變將略，非其所長」。看來這些論者，看漏了或者看輕了，諸葛亮在《隆中對》中，「天下有變」這一句話。這一句話，很重要，可以視為是諸葛亮征伐曹魏的先決條件。如「天下有變」，討伐是難於成功，這是軍事結合政治的一種考慮。

如無這條件，諸葛亮自己也説得明白，「成敗利鈍」，非他「所能逆覩也。」魏強蜀弱，軍事戰略如不謹慎，作軍事的冒險，有覆滅之險。何況，諸葛亮北伐的時候，客觀的形勢是，關羽失荊州於前，劉備敗於夷陵後，劉蜀自此已無東歸荊州的希望。換句話説，要北征，已失去出荊州以北指向宛洛的可能。作為對手的魏蜀，無論文帝曹丕或明帝曹叡的統治下，也未真出現「天下有變」的程度。諸葛亮以絕世的才智，雖創造了「西和諸戎，南撫夷越，外結好孫權」的局面，但以一州之壤，人才凋謝的景況下，要達成「霸業可成，漢室可興」的初衷，了身一人，也只能寄望奮力一搏，鞠躬盡瘁，死而後已，踐行儒家「知其不可為而為之」。蔣琬、費禕主政 20 年，政局穩定，治理清明，外抗強鄰，維持小康之局，雖非一代雄才，在主客觀形勢而言，可説已不負諸葛亮所託付！

　　這 20 年，在內政上休養生息，吏治清明。對外，蜀、吳基本維繫友好的關係，也重視相互間的通使互訪，消解猜疑，兩者自此再未有軍事上的衝突。對敵方的曹魏，則以防守為主。蔣琬曾抵抗住 244 年曹魏大將軍曹爽一次大規模的征討，使曹軍損失重大，折翼而返。諸葛亮逝世後，蜀國最重要的統軍將領是姜維。234 年拜右監軍，輔漢將軍，243 年遷鎮西大將軍，領涼州刺史。後遷衛將軍，與費禕共錄尚書事。姜維是諸葛亮逝世後，最積極繼承諸葛亮討伐曹魏的人物。由於個人能力所限，形勢不利，又是後來才歸降的，再加上蔣琬和費禕採取防守基於現實的國防策略，制約了姜維的軍事行動。姜維的兵力和後援既不足，又無諸葛亮的聲望和權力，難調動全國之力。雖然，姜維積極籌劃不同的軍事策略，並不時採取軍事行動，出擊曹魏，結果都是無功而退。

鍾會伐蜀
鄧艾降漢

　　三國之中，最早滅亡的是蜀漢。滅亡蜀國的雖然是曹魏，但是，實際操作覆滅蜀漢的，卻是獨攬大權的司馬昭。滅蜀漢後二年，司馬昭卒，其子司馬炎便篡魏稱帝，改國號為晉。

· 晉武帝司馬炎

蜀漢延熙十六年（253 年）費禕逝世後，姜維拜為大將軍，掌蜀漢軍權。姜維一直執行諸葛亮的北伐政策。因費禕主政時，認為「丞相（指諸葛亮）猶不能定中夏，況吾等乎？」便改弦易轍，偏重「保國治民」。費禕與姜維之間，以是不相配合。姜維當權，積極北伐。由延熙十六年（253 年）到景耀五年（262 年）的九年間，六次出擊曹魏。

姜維北伐的戰略主要在爭隴右。姜維出隴右的戰略，相信一方面遵從諸葛亮生前對曹魏以攻為守，實施佔隴右向東蠶食的戰略。一方面姜維出身於隴右，他自己相信，「練西方風俗，兼負其才武，欲誘諸羌、胡以為羽翼，謂自隴以西可斷而有也」（《三國志·蜀書十四·姜維傳》）。歷次北伐，多取在南安、隴西、枹罕、狄道、上邽等地，但都無功而還，因為三國的局面，越到後期對蜀漢越不利。正如有學者指出，「從戰爭形勢看，越來越顯著的是：蜀、吳已非魏的敵手」。甚至說「吳、蜀、諸葛誕（時在壽春起事）三方合力，都不是敵手」。[註1] 這種說法是有充足的証據的，外部軍事勢力，蜀漢與孫吳，已大不如曹魏及其後的司馬晉；何況蜀漢與孫吳內部弊政叢生，形勢更加不利了。

（註1）　何茲全《三國史》

後主劉禪
後期昏瞆

就蜀漢來説，幾十年的戰爭，妨礙了經濟生產，社會疲憊，百姓生活凋瘁。經諸葛亮、蔣琬和費禕三相，凝聚起來的內部團結，已經逐漸渙散，甚至賴以立國的信念，在朝野也陷於紛亂。至於直接動搖蜀漢政權的，是後主劉禪後期的昏瞆，縱容宦官黃皓的弄權。枉費了諸葛亮在《前出師表》中，對劉禪苦口婆心、叮嚀備至的誘導。相信諸葛亮在《前出師表》中針對後主的勸誡，已洞悉他為人的本質，加以勸勉的同時，也有公開對他予以約束的意味。到董允後，朝廷已無人可加約束。昏庸的後主劉禪，貪圖享樂，寵信宦官黃皓。黃皓勾結侍中陳祗，開始參與政事。陳祗死，黃皓權兼內外，「操弄威柄」，把控朝廷。

姜維見劉禪昏瞆，黃皓及其黨羽勢大，心生疑懼，所以常駐紮在沓中（今甘肅岷縣南與舟曲縣西），不敢回成都。蜀漢政局敗壞至此，司馬昭在 262 年，部署鍾會為鎮西將軍，都督關中。263 年分兵三路，大舉征伐蜀漢。一路由征西將軍鄧艾率兵三萬，自狄道（今甘肅臨洮縣）向沓中進攻姜維。一路由雍州刺史諸葛緒領兵三萬，自祁山各向橋頭（今甘肅文縣）和陰平（今甘肅文縣）邁進，以絕姜維歸路。另由鍾會率 10 萬大軍，分從斜谷、子午谷出兵，直取漢中。劉禪年前受黃皓惑言，不聽姜維援兵漢中和西北的要求，到魏軍入漢中，援軍施救已晚，漢中已陷落。鄧艾軍到沓中，姜維知漢中失守，便後撤進迫諸葛緒軍，過橋頭、陰平，繼續南下與北上廖化、張翼援軍會合，據守劍閣。鍾會軍在劍閣受阻，糧運又不繼，原擬退兵。

鄧艾便取陰平之路向涪城（今四川綿陽）進攻。這線路崇山峻嶺，地理偏僻，人跡罕見，道路險窄。鄧艾身先士卒，千辛萬苦，繞過劍閣，到達江油（今四川江油市），降服蜀守將馬邈（馬岱之孫），然後直趨涪城。打敗領兵拒守涪城的諸葛亮兒子諸葛瞻。諸葛瞻退守綿竹（今四川綿竹市），不降不屈，與鄧艾軍激戰，兒子諸葛尚一同壯烈戰死。綿竹既陷，成都已無險可守。劉禪及朝中大臣最後聽從光祿大夫譙周降魏的建議，向鄧艾獻城投降。劉禪並敕令守劍閣的姜維、廖化、張翼等投降。姜維等得令，「拔刀斫石」以示激憤，也只好向鍾會投降。

· 隴山山頭上的城堡
進入隴山到天水一帶，隨時在遠山險要的山頂上，看見諸如此類的城堡，大多是古戰場的遺跡。

蜀漢滅亡，屯駐成都的鄧艾，凡事擅權，獨斷自行，引起司馬昭的疑慮。鍾會和監軍衛瓘乘機密告鄧艾作反，司馬昭命令遞捕鄧艾，押送回京，中途為衛瓘殺害。鄧艾死後，鍾會「獨統大眾，威震西土」，起了反心，同蜀降將姜維合謀，擬由姜維作先鋒，領兵五萬出斜谷，自己率軍隨後，出其不意佔領長安再攻洛陽。司馬昭對鍾會謀反，早有防範，安排賈充領兵出斜谷。這場反司馬昭的軍事行動，終因入蜀魏將士的反制，鍾會和姜維被殺死。姜維擬利用鍾會復國的最後機會，因而破滅。姜維堅持諸葛亮的遺志，致力北伐。軍事戰略主要集中在隴右地區，所以曹魏，尤其是鄧艾，常年在隴右地區「修治備守，積穀強兵」。可見姜維以弱攻鄧艾的強守，形勢多麼不利。

回顧諸葛亮的北伐，且不說各種的供給，更不說可使用的武將，單就動用的兵力，一般是五、六萬人，最多也號稱十萬而已。相對曹魏的出兵動輒二、三十萬，力量懸殊。到姜維掌軍，一般可支配的兵力是三萬而已。到蜀漢後期，朝野凝聚的「光復漢室」的信念漸失，意志渙散。加上劉禪的昏庸，奸妄弄政，姜維處處受掣肘，甚至以大將軍之位，不敢居於成都，而要走避邊壤。這是姜維的困境，也是蜀漢後期的困局。陳壽對姜維評價不高，說他「粗有文武，志立功名，而翫眾黷旅，明斷不周，終至隕斃。」批評他以區區蕞爾之地，堅持北伐，是擾攘蜀漢。陳壽的觀點，明顯受其老師、勸劉禪投降的譙周影響。

「知人論世」，千古為難，取捨由人。反倒是與姜維、譙周同朝，後來翼從劉後主到洛陽，並賴以「相導宜適」的郤正，曾著論論姜維，對姜維有很高的評價。他對世論常以「譽成毀敗，扶高抑下」，失「《春秋》褒貶之義」去貶削姜維，深不以為然。他總結說「如姜維之樂學不倦，清素節約，自一時之儀表也。」由此可見諸葛亮有知人之明，姜維竭盡智勇，身死宗滅，也無負諸葛亮之賞識和所託了。

‧隴東高峻的群山與渭河急湍

陳倉以西接連隴右之地，已屬隴山山脈，地勢險峻，渭河水急，交通極之困難。今天乘車過隴東高速公路，大部分時間是在隧道內行走的。偶爾經過谷澗才見天日，可見隴東地形的險峻。

·由天水麥積山望南遠眺

所見盡是綿延不絕的遠山，是隴山和秦嶺相連的地帶。秦嶺是黃河和長江的分水嶺，秦嶺北側的渭河，匯入了黃河；而秦嶺南側的各條溪谷匯入嘉陵江或漢江最終流入長江。

・隴南文縣一帶山區
隴南文縣一帶已近名勝九寨溝了。

一夫當關
萬夫莫開

諸葛亮建成劍門關，是從劍門關入漢中。景耀六年（263 年）曹魏鍾會率大軍入川，蜀漢主帥姜維回防劍門關，拒鍾會軍 13 萬大軍三個月。劍門關兩旁，是高 200 米的懸崖，從巴中一直到江油五指山，山勢連綿 200 里。站在劍門關前，我們自不然會明白「一夫當關，萬夫莫開」險隘山關的真實。

李白名篇《蜀道難》的末段，寫到「劍閣崢嶸而崔嵬，一夫當關，萬夫莫開。……蜀道之難，難於上青天」。杜甫在天寶之亂後的三年，由陝西經劍閣到成都，路過劍門關時，寫下的《劍門詩》，「惟天有設險，劍門天下壯。連山抱西南，石角皆北向。兩崖崇墉倚，刻畫城郭狀。一夫怒臨關，百萬未可傍。」如實簡練地描述了劍門關的形勝。

劍門關位於連綿如萬仞牆壁的梁山，梁山又稱大劍山。西去 30 里是小劍山。小劍山有 30 里的閣道，稱為「劍閣道」。「劍閣道」在古金牛道上，位於四川盆地北部邊緣，東西連綿 140 里，北邊宛如斧劈的懸崖峭壁的山隘中間，是中原入蜀的必經之道。就歷史有記載的，劍門地區曾發生過 90 多次戰爭，直接發生在劍門關上的，就有 75 次，可見劍閣和劍門關在軍事上的重要。

劉備入主四川漢中時候，面對北方曹魏的第一道防線，是陽平關，第二是葭萌關。當時劍門雖有閣道 30 里，尚未設關。「有閣尉，領桑下兵民也。」（《華陽國志·梓潼郡》）「劍門鎮」在昭化以南古驛道上（今國道 108 在此穿過），也是歷代軍事要塞。蜀漢在此有軍駐守，劉備屯葭萌關（今昭

化古城）時，曾四出「劍閣道」。劍門關之設城關，是在諸葛亮相蜀時「鑿石架空為飛樑閣道，……於立劍門關。」（《寰宇記》）建關時間大概在始於第一次北伐祁山之前的章武元年春（221年4月），到後主建興六年（228年）方完全建成。建關後，諸葛亮由此入漢中。景耀六年（263年）曹魏鍾會率大軍入川，蜀漢主帥姜維回軍駐防劍門關，力拒鍾會13萬大軍歷三個月。

· 劍門七十二峰
從牛頭山向南遠眺，一連串高峰是著名的劍門七十二峰，中間缺口的地方正是劍門關。

· 由牛頭山遠眺劍門七十二峰

三國蜀漢後主景耀六年（263年）大將軍姜維退守劍門時，在牛頭山駐有重兵，《三國演義》所述「姜維兵困牛頭山」就指這裏。

· 牛頭山遠眺劍門關

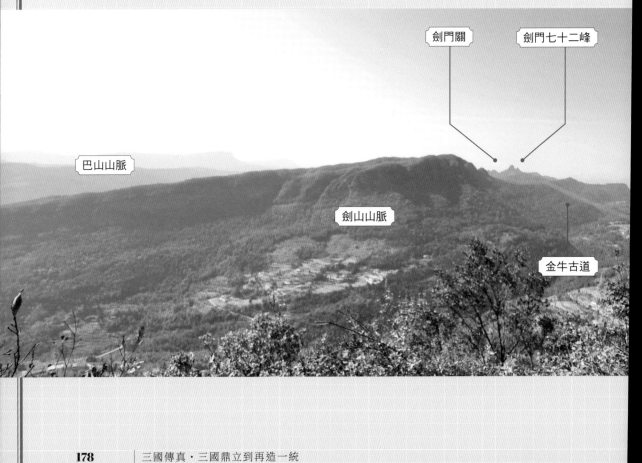

劍門關　劍門七十二峰

巴山山脈

劍山山脈

金牛古道

・牛頭山上姜維井

傳説當時山上缺水，諸葛亮託夢姜維，經三天兩夜挖井找水，終於挖出半池泉水，可供千人飲用，常年不滿不蝕，久雨不溢，久旱不涸，且水色隨嘉陵江的清濁而變。牛頭山下的嘉陵江水位與該井水位高差 300 餘米，這一奇特景觀着實令遊人驚歎。

・姜維井碑

· 上劍山的棧道

· 小劍山

· 由南向北望劍閣雄姿

· 由北向南望劍閣雄姿

· 牛頭山遠眺昭化葭萌關

葭萌關

桔柏渡

白龍江

嘉陵江

筆架山

· 登劍山的閣道

劍門關旁，是高 200 米的懸崖，從嘉陵江邊一直到江油五指山，山勢連綿 70 餘公里。在劍門關前，
何謂「一夫當關，萬夫莫開」，立刻明白！

・由劍門關向北遙望

天寶十四年（755 年），唐玄宗因避逃「安祿山之亂」，曾幸蜀與劍門關下的仙雲客棧，而原仙雲寺就在圖中山腳下。由於劍門的歷史和關道的險要，歷代文人雅士留下了不少詩文。宋乾道八年（1172 年）陸游由漢中調往成都任職，寫下《劍門道中遇微雨》：「衣上征塵雜酒痕，遠遊無處不消魂。此身合是詩人未，細雨騎驢入劍門。」

‧蜀軍將領塑像

蜀軍各路為曹魏的鍾會、鄧艾諸軍所迫，左車騎張翼，右車騎廖化，輔國大將軍董厥與姜維，皆退守劍閣，列營守險，以拒鍾會。鍾會軍未能攻克，而糧運懸遠，供給不上。鍾會原擬退兵，後主劉禪降於鄧艾，敕令姜維等投降。蜀軍「將士咸怒，拔刀斫石」。此為姜維、董厥、張翼和廖化聽聞敕令氣忿之極的塑像。

· 劍門關上的姜維墓

姜維墓全國有五處。姜維墓原在劍門關內西側古道旁，今遷到大劍溪東側「姜公祠」後。據說動陵時棺內僅有甲冑一副，和一柄佩劍。此墓應是姜維的衣冠冢。

· 姜維祠內的塑像

後世設姜維祠紀念姜維，此為劍門關平襄侯（姜維）祠內的塑像。

劍門蜀道上重要戰事

年份 （公元）	事件
前 316 年	秦張儀、司馬錯率兵沿金牛道伐蜀，破蜀軍於葭萌，滅蜀。
191 年	東漢益州牧劉焉派督義司馬張魯率兵經蜀道攻漢中，後割據自立。
213 年	漢中張魯派部將楊帛率兵經蜀道南攻葭萌，楊帛誘降霍峻失敗，後退兵。
219 年	劉備率兵攻漢中夏侯淵，經蜀道屯兵陽平關，次年奪取漢中。
227 年	蜀諸葛亮率軍進兵漢中，在籌筆驛謀劃軍務，後與魏爭戰八年。
238 年	蔣琬率兵經蜀道屯兵漢中，與魏抗衡。
244 年	魏曹爽攻蜀，費禕率兵經蜀道去漢中，蜀軍在勢興與魏戰，破之。
365 年	東晉梁州刺史司馬勳反，稱成都王，領兵從漢中經蜀道攻劍閣入成都。
373 年	前秦符堅遣王統等率兵經蜀道攻克劍閣。
480 年	南齊中兵參軍王圖南率益州兵出劍閣，大破叛軍李烏奴於陝南。
580 年	北周楊堅代王謙為益州總管，領兵進至朝天龍門，王謙率軍與戰，敗走。
930 年	孟知祥據蜀，後唐遣石敬塘取道漢中、利州攻劍閣，不克退兵。
964 年	北宋將領王全斌率兵經漢攻入廣元，蜀孟昶退守劍門，後兵敗國亡。
1133 年	金兵破漢中，南宋將領劉子羽守朝天潭毒山，金人退兵。
1231 年	蒙將拖雷攻蜀破勉州，分兵沿嘉陵江而下，南至今閬中西水而回。

年份 （公元）	事件
1235 年	蒙軍攻蜀，南宋利州守將曹友聞率軍經蜀道至仙人關拒敵。
1236 年	蒙將闊端攻蜀，南宋曹友聞退守寧強大安、朝天一線拒敵，後戰死。
1253 年	蒙將汪德臣從漢中經朝天攻入利州，築州城且耕且守。
1259 年	蒙古蒙哥汗率兵攻利州、戰劍門、進圍合川。後蒙哥汗死於合川軍中。
1635 年	明李自成由陝西寧強攻蜀，破朝天七盤關，後取廣元。
1645 年	清張獻忠據蜀，派兵把守明月峽，促生員顏天漢，引發殺士子事件。
1647 年	清將赫業與吳三桂部將戰於棨格堡、朝天關一線，明月峽棧道盡毀。
1679 年	清將王進寶自青石關進神宣驛，督兵奪朝天關進廣元。
1924 年	陝軍王鴻恩部與川軍激戰廣元，陝軍敗由朝天撤回漢中。
1949 年	解放軍賀龍率十八兵團 60 軍沿川陝公路攻佔七盤關，經明月峽入廣元。

亡蜀之路——鄧艾偷襲陰平道

景元四年（263年）五月，魏軍大舉伐蜀。征西將軍鄧艾率三萬餘人自狄道攻姜維於沓中。鄧艾先遣天水太守王頎，直攻姜維在沓中的大本營。姜維聞鍾會大軍已入漢中，遂從沓中撤退。王頎從後追趕，雙方在強川口大戰。姜維敗走，而退路又為魏軍雍州刺史諸葛緒率領的三萬兵，自祁山到武街橋頭（今甘肅成縣以西）堵截。

幸好姜維早一天已兵過橋頭，到了陰平。向東南走白水（四川廣元西北），在白水遇上廖化、張翼、董厥等，會師同守劍閣以拒鍾會。姜維和廖化等拒鍾會軍。鍾會屢攻不克，道路險阻，糧食不繼，士兵乏食，鍾會欲退兵。鄧艾反對，並上表擬「從陰平由邪徑經漢德陽亭趣涪（今四川綿陽），出劍閣西百里，去成都三百餘里，奇兵衝其腹心。」要求鍾會軍赴涪匯合。說這是「攻其不備，出其不意，今掩其空虛，破之必矣」。（《三國志·魏書二十八·鄧艾傳》）

「冬十月，艾自陰道平道行無人之地七百餘里，鑿山通道，造作橋閣。山高谷深，至為艱險，又糧運將匱，頻於危殆。艾以氈自裹，推轉而下。將士皆攀木緣崖，魚貫而進。」終來到江油關，蜀將馬邈投降。諸葛亮長子諸葛瞻，督諸軍以拒鄧艾，使鄧艾軍到涪後不得進。可惜瞻不聽尚書郎黃崇的建議，速行軍據險要之地，不令鄧艾軍入平地而長驅直入。果如黃崇所說，鄧艾軍入了平地，長驅直進，擊破蜀軍，諸葛瞻退守偏西的綿竹。鄧艾軍追到，再大破蜀軍，瞻戰死，而瞻子諸葛尚，單騎匹馬，衝入鄧軍營地，悲壯而死，鄧艾軍迫近成都。後主聽從譙周的意見，向鄧艾投降，並敕守劍閣的姜維等投降鍾會。

· 摩天嶺南麓的古道碑

鳥瞰摩天嶺

・鄧艾裹毯推轉而下處的摩天嶺

所見此處的摩天嶺，山勢雖峻險，樹木卻叢密高大，相信自古已然，斷無史載「以氈自裹，推轉而下」的道理。相信山峻險阻，樹木叢生，以氈裹身保護，然後衝跌而下，才合理。滾身下山，是不可能的。爬過險山的人，會明白此種道理。

・摩天嶺山景

鄧艾是在初冬進入摩天嶺，正是所見山景斑斕的季節。

‧色彩斑斕的摩天嶺

· 陰平道上的古銀杏

此棵銀杏樹，據考證已愈千歲。位於摩天嶺與唐家河分叉路間的路旁。相傳鄧艾翻過了摩天嶺後，在此紮營休息。

· 古道路石刻路標

・鄧艾過此石刻

相傳鄧艾過了陰平道，在壁立的山崖上刻上「鄧艾過此」
四字。而山崖似人像的側面，所以又稱鄧艾面相。

・南北垂直於摩天嶺的陰平山

· 陰平山村

陰平山村是原陰平山中的住民，遷出到山的南口的新村落。

· 閻王碥

閻王碥位於陰平山山谷的東側。

青溪古城

　　清溪古城歷來為商賈雲集、兵家必爭之地。《三國演義》中的著名章節鄧艾偷渡陰平滅蜀，對這裏有生動的描寫。青溪古城位於陰平山山谷南口。唐家河在這裏匯入下寺河而流經城東，又在城南匯入南渭河，成為青竹江。形成天然的兩道護城河。守衞妥當，可以控制陰平道。這裏一些山谷地，尤其是靠近谷口的谷地，可以屯田，也是廖化在此屯田的原因。在城南逆南渭河南行，再翻越一個分水嶺，即可進入南側的洪溪溝。沿洪溪溝南下，可抵達江油關前。

　　廖化字元儉，襄陽人，曾任關羽在荊州時的主薄。關羽失荊州，廖化留在已屬吳的荊州。「思歸先主（劉備）。乃詐死……携持老母，晝夜西行。」在秭歸遇上了正在東征的劉備，任為宜都太守，後為丞相諸葛亮的參軍。建興七年（公元 229 年），蜀漢新置廣武縣於青溪，諸葛亮委任參軍廖化督其地，並屯田戍守。新置廣武督並委廖化駐守屯田，顯然是加強成都的防守和對北伐的支援的一種安排。鄧艾入蜀攻姜維於陰平，廖化率軍馳援。後與姜維守劍閣。蜀降後，被內徙洛陽，死於道上，以果烈見稱。

‧青溪城內

據《華陽國志》，建興七年（229 年），蜀漢新置廣武縣於青溪，委任諸葛亮的參軍廖化督其地，並屯田戌守。建城距今已有 1700 多年的歷史。

· 由東門的雙城門甕城向南望

· 青溪東門及甕城

· 城樓上廖化塑像

「蜀中無大將，廖化當先鋒」一語，成為人們慨歎人才凋零的常用語，以此形容蜀漢的後期的人才情況卻是相當的真實。但是蜀漢後期，不少將士仍全力以赴，克盡忠勇，為蜀漢爭存亡。廖化就是其中的一位。

· 陰平廊橋

陰平橋頭原本在摩天嶺北側的文縣境內，因地震而全毀，並於青溪城東面重建。橋廊跨越的就是下寺河，由陰平山山谷流出。重建橋廊全按北川的傳統古法和古樣建造。

・下寺河

· 江油城航拍全景
圖中寬闊的河流是涪江，右側是洪溪溝，已呈乾涸的狀態。

·江油關

江油關位於涪江西岸。涪江有一支流洪溪溝由東而來，在關前匯入涪江，鄧艾並沒有按慣常從清溪沿涪江而來，而是由洪溪溝進軍到關前，強渡涪江，拿下了江油關。

成都門戶——綿陽與綿竹

綿竹位於四川成都平原的西北部，距成都 84 公里。東漢中平五年（188 年）劉焉領益州牧，將州治所遷於綿竹。194 年因綿竹城火災，劉焉遷州治到成都。綿竹建城，至今已有二千多年的歷史，在兩漢已是益州重鎮，為蜀地膏腴之地，尤其是蜀漢首都成都的最後門戶。

· 綿竹古城沙盤
（綿竹博物館藏）

據説，炎興元年（263 年），曹魏以三路大軍十萬之眾伐蜀，兵臨葭萌關下。姜維命熟知地形的關索、鮑三娘緊守江防。鍾會在隔岸觀蜀軍兵寡，命魏軍連夜趕製戰船和木筏，然後展開全面強攻。關索奮勇當先，迎戰來襲魏將，來人卻是當年被關羽水淹七軍時殺死的龐德之子龐會，仇人相見，分外眼紅，二人大戰數十回合，關索終因體質虛弱，力不能支，抵擋不住，掉下江去。與此同時，鮑三娘也在土基壩與魏軍展開殊死血戰，雖英勇不減當年，怎奈魏軍兵馬太多，寡不敵眾，一腔熱血灑在了嘉陵江畔。戰後，人們便將鮑三娘安葬在她生前操練兵馬的曲回壩上。因後主劉禪投降曹魏，一代巾幗鮑三娘未能得到她應有的立陵封賜。千百年來，她只是默默地躺在曲回壩上，世代受着人們的祭拜和敬仰。

· 鮑三娘墓

鮑三娘相傳是關索的妻子，關索相傳是關羽的兒子。傳説不見於正史，也不見於流行的《三國演義》，但卻見於早期古本的《三國志傳》。關索的傳説早見於唐代，奇怪的是在西南地區的黔滇地區，除了諸葛亮外，以關索的寺廟和以之為地名最多。看來關索與西南地區關係密切。傳説的關索和妻子鮑三娘都很勇武。（參考周紹良《關索考》）

諸葛瞻、諸葛尚父子與綿竹

263 年，魏國征西將軍鄧艾、鎮西將軍鍾會、雍州刺史諸葛緒等分三路伐蜀。鄧艾率一批精兵強將，從無人小道偷渡姜維防守的陰平關（今甘肅文縣），隨後破江油關，直逼成都。諸葛亮長子諸葛瞻臨危率軍到鹿頭山綿竹關（即白馬關）佈兵防守。鄧艾攻進涪縣（今四川綿陽市涪城區），派人送書信引誘諸葛瞻說：「如果你投降，我肯定向魏王上書請求封你為琅琊王。」諸葛瞻勃然大怒，一氣之下斬了鄧艾的使者。

他登上了鹿頭山，指揮蜀軍與鄧艾率領的曹魏軍隊決戰。白馬關前鑼鼓齊鳴，戰馬嘶嘯，殺聲震天。雖然諸葛瞻佔據有利地形，但由於倉促應戰，加之蜀軍很多士兵從未參加過戰鬥，沒有實戰經驗，因此，在魏軍的凌厲攻勢下，蜀軍漸漸不敵，白馬關上血流成河，屍橫遍野。諸葛瞻、張遵（張飛之孫）先後被魏軍砍下頭顱，蜀軍將士大部殉難，白馬關失守。而這裏，也因蜀漢將士的不斷倒下而得名「倒灣」。

263 年，魏將鄧艾攻成都，諸葛亮長子諸葛瞻率軍，在這裏與鄧艾軍作上文指及的殊死戰，瞻與張飛之孫尚書張遵、黃權之子尚書郎黃崇、李恢之子羽林軍李球等，皆壯烈戰死。鹿頭山失守，諸葛瞻之子、年僅 17 歲的諸葛尚，馳馬衝入魏陣而死。在曹魏滅亡蜀漢期間，蜀漢核心人物劉備、諸葛亮、關羽、張飛及趙雲等人，三代忠義，壯烈死節，比之曹魏、孫吳甚至司馬晉，光輝得多。後世人之所以尊崇蜀漢，豈能全歸於尊蜀劉為正統之觀念的影響，而有其正氣的一面！213 年，綿竹之勝而蜀漢興；263 年，綿竹之敗，而蜀漢亡。前後剛好 50 年，湊巧如此！

・航拍八卦谷

・諸葛瞻據守的綿竹八卦谷

蔣琬墓位於四川綿陽市西山之鳳凰山上。蔣琬（？一246年），字公琰，
是三國零陵湘鄉人。三國時期繼諸葛亮為蜀漢宰相，與諸葛亮、費禕及董允
合稱「蜀漢四相」。蔣琬最初隨劉備入蜀，為廣都縣長。因其不理政事，惹
怒劉備，在諸葛亮的勸説下才免於一死。後重獲重用，得到諸葛亮的悉心培
養，累官丞相長史兼撫軍將軍。建興十二年（234 年），諸葛亮去世，蔣琬
繼其執政，總攬蜀漢軍政。

· 蔣琬墓

· 綿竹啟聖殿

此為綿竹諸葛瞻、諸葛尚的雙烈祠正殿，供奉諸葛武侯三代祠像。

· 諸葛瞻、諸葛尚共葬墓穴

· 三叛像

諸葛尚、諸葛瞻墓前蜀漢三叛像，分別是郝普、傅士仁及糜芳。

· 航拍綿竹

綿竹是拱衛成都最後的一道關防，從八卦谷南看，已是一馬平川，無險可守。

第六章

六路征伐

王濬降吳

3 孫權 16 歲，繼承了父兄的基業，憑藉江東，力拒北方的曹操，西敗劉備，據有長江的中、下游，荊、揚兩州之地。建吳稱帝，「成鼎峙之業」。

孫權登位後
性情大變

　　陳壽評論孫權，說他是「人之傑」。他擅於權略，長於智計，更能「屈身忍辱」。對待文武部下，以意氣相投，更能「任才尚計」。這些都是孫權作為一成功領袖的個人特質。正如他兄長孫策臨終說他，能「舉賢任能，各盡其心，以保江東」，甚至說「我不如卿」，孫策真有知弟之明。吳的重臣陸遜的裔孫陸機，在所著《辨亡論》中，就詳細介紹和分析了孫權身邊凝聚的文武人物。在他們的輔助下，令孫權「謀無遺算，舉不失策」，所以屢遭曹魏、劉蜀的討伐而屹立不倒。可惜自登帝位後，孫權一改常態，性情大變。所以會如此，似有以下的幾個因素。

　　一、建功立業的成功，日積月累漫延了過分的自信，也側重了個人的威權，日見獨斷。二、他不僅丟不開自孫策以來對江東大族的疑慮和防範，而且隨着挑選繼承人的反覆，加深了對東吳大族重臣的威脅和懷疑。三、或關乎年紀，中外歷史上的領袖人物，這種因年紀而性情大變的情況，並不罕見。晚年的孫權，性情大變，嫌忌之心日益滋長，以致「讒說殄行」，「果於殺戮」。孫權晚年的施政，直接對孫吳的衰落，種下了禍根。寵信呂壹和秦博專門監視、整治百官，連重臣丞相顧雍，駙馬朱據都被「舉白」，「群臣莫敢復言，皆畏之側目」。太子孫登、太常潘濬、大將軍陸遜、驃騎將軍步騭等都曾拚死極諫，卻不為所動，孫權甚至對他們增加疑惑和嫌棄之心。雖然呂壹後來犯罪而被處死，也廢除之前寵信的暨艷之矯枉過正的吏治改革，但為時太晚，大大傷害和破壞了孫權賴以成功，與大臣間意氣相契的忠誠與和諧。

　　晚年孫權立廢的失當，真到了匪夷所思的地步。孫權在立嗣上的反覆和殺戮，結果引發了皇室內廷和宗室間的殘酷爭鬥，也誘發了朝中大臣結黨分派的激烈鬥爭。最後，在 264 年，竟由「粗暴驕盈，多忌諱，好酒色」的末帝孫皓繼位。因孫皓的殘暴統治，孫吳已到了崩潰的時候，覆亡已成早晚的事。

年份（公元）	事件
241 年	太子孫登逝世。
242 年	孫權立三子孫和為太子。數月後又封四子孫霸為魯王。因孫權對兩人寵愛相同，禮秩如一。孫霸有意奪取太子之位。兩人之爭延續至朝廷，支持太子的大臣包括有陸遜、顧譚、吾粲、朱據、諸葛恪、施績、丁密、滕胤；支持魯王的大臣包括步騭、呂岱、全琮、呂據、孫弘等。顧譚被流放、吾粲下獄被殺。
245 年	魯王黨羽楊竺、全寄、吳安、孫奇等共譖毀太子。陸遜勸孫權勿信讒言，孫權不悅。遜憤恨死。
250 年	孫權廢太子和，並將其流放。同時殺魯王孫霸及其黨羽楊竺等人。另立幼子亮為太子。朱據諫廢太子，被賜死。群臣諫者如陳正、陳象、張純或死或放逐以十數。

陸抗心死
心情沉重病逝

　　三國中的蜀、吳，一滅於魏，一滅於繼魏的晉，但都是滅於司馬氏之手。司馬炎在 265 年，篡魏稱帝建立國晉，269 年就部署南伐東吳。首先委任羊祜鎮守襄陽，都督荊州諸軍事，再命益州刺史王濬在蜀營建戰船。

　　孫皓即位，陸抗為鎮東大將軍，都督信陵、夷道、樂鄉、公安等荊州沿江諸軍事，鎮守於樂鄉（今湖北松滋市東），以對抗羊祜。陸抗是孫吳後期最出色的政治家和軍事家，他是陸遜的兒子，孫策的外孫。陸抗重視防務。272 年，鎮守西陵（今湖北宜昌市）的西陵都督步闡，叛吳降晉。陸抗粉碎了司馬炎以羊祜攻江陵、徐胤率水軍進迫建平（今重慶巫山縣），及荊州刺史楊肇直趨西陵援助的三路軍事行動，收復了西陵，處死步闡等。273 年，陸抗任大司馬、

荆州牧。但是孫皓不僅殘暴，而且極之昏昧，竟迷信神卜，相信會「青蓋入洛陽」，而多次派兵出擊西晉。陸抗對昏昧的孫皓很不滿，對他的內政措施，對外的軍事行動，不斷勸諫，卻不為所動。274 年，陸抗懷着孫吳不可挽救的沉重心情而病逝。

東吳這樣的亂局，司馬晉都督對吳軍事的羊祜、杜預、張華和王濬等，一致認為討伐東吳的時機已成熟。他們特別強調，孫皓的暴虐荒淫的統治下，令東吳朝野上下人心散渙，是討伐的最好時機。倘若換了較賢明的皇帝，就不容易對付了。可見直到如此景況下的孫吳，晉一眾大將對孫吳的軍事力量，仍然顧忌。

279 年十一月，司馬炎發兵 20 萬，分為六路，全線夾擊東吳。東吳軍已無力抵抗。晉軍所向披靡，各地東吳軍紛紛投降，直迫建業。東吳只有新任丞相的張悌和部分將領，死命抵抗。雖然不存勝望，只是出於盡忠守節而已。張悌就說「吳之將亡，賢愚所知」。280 年三月，晉軍各路進圍建業，孫皓向王濬投降。對於晉滅東吳的一幕，唐代大詩人劉禹錫寫下了《西塞山懷古》詩一首。詩曰：

王濬樓船下益州，金陵王氣黯然收。
千尋鐵鎖沉江底，一片降幡出石頭。

詩中，描寫了王濬千帆並舉、浩浩蕩蕩，順長江大流而下。孫吳落日西山的亡國景象，讓人如臨其景。由漢末的群雄爭霸，逐鹿中原，到魏、蜀、吳的三國鼎立，終以三家歸晉，重歸統一。

· 鐵索橫江處只餘千載江水悠悠

· 西塞山上險崖俯瞰長江

西塞山位於湖北的黃石在九江和武漢的中間，戰略重要，成為拱衛荊州的要塞。西塞山地形與鎮江北固山很相似，都是一個石頭山突出江面，而且都在南岸。西塞山山體較大，從山腳到山頂層層設防，直至近代仍然是重要的軍事要塞。

- 西塞山

「西塞山」三紅字臨江刻石之下的江面，就是鐵索橫江的地方。吳軍曾於此江中的要害地方，佈置鐵鎖鏈，又作長逾丈餘的鐵錐，暗置江中，以截阻順江而下的船艦。王濬水軍作方餘百幾步的大筏，軋錐而去。又作大炬，灌以麻油，置船艦前，遇鎖鏈則燃炬火燒之。終於水軍大軍順長江而下，進迫建業。

後記

中外關於「三國」不同層次、不同類型、不同形式的著作，不知凡幾，「三國」一直是熱門的出版題材。今不揣固陋，編著的《三國傳真》，是一套深入淺出、圖文並茂的歷史文化讀物。力求在立意、內容、結構、形式的各方面，有所突破，能推陳出新，讓讀者對三國的歷史，有別開生面的認識。

我從小喜歡讀《三國演義》，真正點燃了對三國歷史研讀興趣的，是就讀新亞書院時來自牟師潤孫教授的影響和教益。牟師堂上聲如洪鐘、議論風生的形象，雖經 50 年歲月，依然鮮明。後來雖然專治近代史，但對三國歷史的研讀，興趣一直不減。研讀之外，涉世愈深，閱人愈廣，加深了對「人世間」三國歷史的體悟。再加上周遊神州，山川形勝，風土人情，遺址文物，對三國的歷史，更添幾分目睹的實感。眾緣湊合，而有此作。

拙作的撰寫，參閱了大量的著作，書中直接稱引的書目，只是一部分而已。特別是一些前輩學者，堅實的學養，通透的觀點，慎重的持論，不因時遷世異，充實而有光輝，筆者不才，得益尤多。

　　此書的寫成，首先得到老朋友北京劉煒女士、田村先生、內蒙古的孔群先生、雲南的鄧喜平先生、陝西的王保平先生及閬中文旅局提供了寶貴的照片。香港名畫家董培新先生，以所創作的三國作品賜用；陳文巖醫生提供了珍藏著名三國人物罕見的玉章照片；鄭兄培凱教授賜予書名題簽。隆情厚意，在此一併致謝！此書大量不具名的照片，乃黃景強博士、劉集民先生和本人所拍攝的。

　　承蒙香港商務印書館予以出版，總經理李家駒、總編輯毛永波、副總編輯于克凌的鼎力支持。「傳真」之名，乃承襲 20 年前由商務出版、風靡一時的《中華文明傳真》歷史叢書而來，有一脈相承的用意。最後，對協助設計圖表，搜集、整理和核實資料的李鈞杰博士、劉集民先生，對繁重、複雜而緊迫編輯工作的林雪伶小姐，表示衷心的感謝！

陳萬雄

參考書目

一、古籍

陳壽《三國志》

范曄《後漢書》

諸葛亮〈前出師表〉

諸葛亮〈後出師表〉

曹丕〈至廣陵於馬上作〉

左思〈蜀都賦〉

張華《博物志》

常璩《華陽國志》

李白〈蜀道難〉

杜甫〈劍門詩〉

杜甫〈登岳陽樓〉

劉禹錫〈西塞山懷古〉

張祐〈題金陵渡〉

范仲淹〈岳陽樓記〉

王安石〈泊船瓜洲〉

司馬光《資治通鑑》

李昉、李穆、徐鉉《太平御覽》

陸游〈劍門道中遇微雨〉

康熙版《合肥縣誌》

二、近人論著

丁海斌：《中國古代科技文獻史》（上海：上海交通大學出版社，2015 年）

中國軍事史編寫組：《中國軍事史——中國歷代軍事戰略》（北京：解放軍出版社，2002 年）

何茲全：《三國史》（香港：商務印書館，2013 年）

周一良：〈曹丕曹植之爭〉，《魏晉南北朝史札記》（北京：中華書局，2007 年）

周紹良：〈關索考〉，《紹良叢稿》（濟南：齊魯書社，1984 年）

林田慎之助：《諸葛亮》（西安：三秦出版社，1989 年）

金文京著，何曉毅、梁蕾譯：《三國志的世界：後漢三國時代》（廣西：廣西師範大學出版社，2014 年）

柳春藩：《諸葛亮評傳》（北京：中國青年出版社，1997 年）

陳文德：《諸葛亮大傳》（台北：遠流出版，1992 年）

陳仲安、王素：《漢唐職官制度研究》增訂本（上海：中西書局，2018 年）

陳登元：《國史舊聞》（北京：生活‧讀書‧新知三聯書店，1958 年）

秦濤：《道濟天下諸葛亮》（台北：遠流出版，2020 年）

孫機：《漢代物質文化資料圖說》（上海：上海古籍出版社，2012 年）

張大可：《三分的挽歌：話說三國十二帝》（北京：華文出版社，2006 年）

章映閣：《諸葛亮》（台北：知書房，1993 年）

黃節：《魏武帝魏文帝詩註》（香港：商務印書館，1961 年）

葛劍雄：《往事和近事》（北京：生活‧讀書‧新知三聯書店，1996 年）

葛劍雄主編，張曉虹著：《古都與城市》（香港：中華書局，2014 年）

楊憲益：《譯餘偶拾》（北京：生活‧讀書‧新知三聯書店，1983 年）

劉雨勇、劉挺：《中國鎮江風景名勝》（南京：南京大學出版社，1995 年）

霍巍：《西南天地間——中國西南的考古‧民族與文化》（香港：香港城市大學出版社，2006 年）

錢穆：《國史大綱》（香港：商務印書館，1989 年）

崔有志、劉立穩、張俊強主編：《北固山遊記選》（江蘇：江蘇大學出版社，2015 年）

鯤西：〈高貴鄉公之死〉，《清華園感舊錄》（上海：上海古籍出版社，2002 年）

嚴其林：《京口文化：鎮江歷史文化概要》（鎮江市：鎮江高等專科學校，1999 年）

嚴耕望：《嚴耕望史學論文集（上）》（上海：上海古籍出版社，2009 年）

羅宗真：《六朝考古》（南京：南京大學出版社，1994 年）

井波律子：《三國志曼荼羅》（日本：岩波書店，2007 年）

植村清二：《諸葛孔明》（日本：筑摩書房，2011 年）

葛劍雄：〈漢魏故事：禪讓的真相〉，《書屋》，第二期，1995 年。

三國傳真

第四冊

三國鼎立到再造一統

陳萬雄———編著

監　　製：黃景強
編著助理：李鈞杰、劉集民
責任編輯：林雪伶
裝幀設計：Sands Design Workshop
繪　　圖：劉集民、Sands Design Workshop

出版
商務印書館（香港）有限公司
香港筲箕灣耀興道 3 號東匯廣場 8 樓
http://www.commercialpress.com.hk

發行
香港聯合書刊物流有限公司
香港新界荃灣德士古道 220-248 號荃灣工業中心 16 樓

印刷
美雅印刷製本有限公司
香港九龍觀塘榮業街六號四樓 A 室

版次
2021 年 7 月第 1 版第 1 次印刷
©2021 商務印書館（香港）有限公司

ISBN 978 962 07 5890 4

Printed in Hong Kong